Vergiss das Leben nicht!

Ein Blick auf den Gott Abrahams

Das Buch

Dieser lebendige Erfahrungsbericht eines aufgeklärten Christen, der für sich nach einem tragfähigen Glauben sucht, lässt die gängigen religiösen und philosophischen Denkweisen beiseite. Das Buch eröffnet den Blick auf den einen Gott, der hinter dem Judentum, dem Christentum und dem Islam steht. Es geht dem Autor dabei nicht um eine Neuinterpretation der Religionen oder gar um eine neue Religion. Er sucht Wege, um diesen "unfassbaren Gott" unmittelbar in die eigene Lebenswirklichkeit aufzunehmen und ihn dort als zentralen Bezugspunkt zu verankern. Das Buch präsentiert sich in einem bewusst natürlichen und untheoretischen Schreibstil und sucht mit seinen Fragen und Antworten den direkten Dialog mit dem Leser. Es ist die Einladung zu einer Reise in die Tiefe, geschrieben und erzählt von Mensch zu Mensch.

Der Autor

Matthias Hofmann ist durch und durch Techniker: er ist Handwerksmeister, Diplom-Ingenieur (FH) und öffentlich bestellter und vereidigter Sachverständiger. Er ist 1970 geboren, gehört der katholischen Kirche an, ist glücklich verheiratet, hat zwei fast erwachsene Kinder und steht mit beiden Füßen fest am Boden.

Vergiss das Leben nicht!

Ein Blick auf den Gott Abrahams

Matthias Hofmann

*Bibliografische Information der
Deutschen Nationalbibliothek:
Die Deutsche Nationalbibliothek verzeichnet diese
Publikation in der Deutschen Nationalbibliografie;
detaillierte bibliografische Daten sind im Internet
über http://dnb.dnb.de abrufbar.*

*1. Auflage
© 2014 Matthias Hofmann*

*Titelbild: Matthias Hofmann, Ramona Meinhof
Baalbek, Libanon*

*Herstellung und Verlag:
BoD – Books on Demand, Norderstedt*

ISBN 978-3-7357-7040-0

*Wisst ihr nicht, dass euer Leib
ein Tempel des Heiligen Geistes ist,
der in euch wohnt
und den ihr von Gott habt?*

*Ihr gehört nicht euch selbst;
denn um einen teuren Preis
seid ihr erkauft worden.*

Verherrlicht also Gott in eurem Leib!

1 Kor 6,19-20

Inhalt

1 Vorwort 1
2 Die Grundvoraussetzungen 2
2.1 Nehmen Sie Ihren Verstand mit 2
2.2 Gott ist lebensbejahend 3
2.3 Gott bereichert das Leben 4
2.4 Die Seele spüren 6
3 Gott 9
3.1 Der definierte Gott 10
3.2 Der negative Gott 11
3.3 Der Gott Abrahams 12
3.4 Der personale Gott 14
3.5 Der Gott der Bibel 16
3.5.1 Exodus 20,2 16
3.5.2 Der Gottesname 18
3.5.3 Exodus 20,3 22
3.5.4 Exodus 20,4 25
3.6 Sünde 32
4 Jesus 36
4.1 Der Jesus des Koran 37
4.2 Der götzenhafte Jesus 40
4.3 Der freie Jesus 43
4.4 Jesus als Weg durch den Tod hindurch 45
4.5 Göttliche oder menschliche Nachfolge Jesu 47
4.6 Der Absolutheitsanspruch Jesu 49
5 Religion 52
5.1 Die Unverbindlichkeit 53
5.2 Ein Blick in die katholische Welt 56
6 Gebet 59
6.1 Formen des Gebets 59
6.2 Das Jesusgebet 61
6.3 Das Gebet der Stille und des Daseins 63
6.4 Die Heiligkeit 65
6.5 Im tiefsten Punkt 66

6.6	Das Wissen des Zen	70
6.7	Das absolute Gebet	71
6.8	Gott im Heil	72
6.9	Gott im Körper	74
6.10	Gott im Handeln	75
6.11	Gott erkennen	77
7	Danksagung	79
8	Anhang	80

1 Vorwort

Dieses Buch ist das Ergebnis meiner persönlichen Suche nach Gott. Gefunden habe ich den Gott Abrahams[1]. Er wurde mir zu dem von Umberto Eco in seinem Roman „Das foucaultsche Pendel" beschriebenen Umbilicus Telluris: dem Nabel der Erde, dem verlässlichen Nullpunkt, um den sich alles dreht[2]. In ihm kann ich Ruhe finden[3].

Wenn Sie selbst auf der Suche sind, können Ihnen meine Überlegungen und Erfahrungen vielleicht Denkanstöße für Ihren Weg geben.

In diesem Text vertrete ich teilweise provokante Standpunkte und stelle liebgewonnene Traditionen in Frage[4]. Hinterfragen Sie diese bitte sehr genau und nehmen Sie nichts an, was nicht in Ihrem Herzen Resonanz findet.

Es geht mir ausschließlich um eine Bereicherung des Lebens und um einen lebendigen Gott, nicht um ein richtig oder falsch[5]. Das Leben ist immer vielfältiger, als wir Menschen es in den Blick nehmen können.

2 Die Grundvoraussetzungen

Um einen lebendigen Gott finden zu können, braucht es gewisse Grundvoraussetzungen. In der Bibel tauchen diese oft als Begrüßung oder Einleitung auf. *„Fürchte Dich nicht"* zum Beispiel, was heute vielleicht verständlicher als „erschrick nicht!" oder „bleib locker!" zu übersetzen wäre.

Und so will ich einige dieser Grundvoraussetzungen an den Anfang stellen.

2.1 Nehmen Sie Ihren Verstand mit

Kaum war der Mensch nach biblischer Erzählung geschaffen, schon widersetzte er sich dem Gebot Gottes[6]. Der Gott der Bibel zieht zwar Konsequenzen[7], aber er zwingt den Menschen nicht. Das Buch Hiob handelt nahezu ausschließlich davon, dass ein Mensch Gott herausfordert[8]. Mose widerspricht Gott vom ersten Augenblick an[9]. Bekannt ist auch der Eigensinn des Propheten Jona[10].

Der Gott der Bibel akzeptiert den freien Willen des Menschen. Wenn Ihnen also jemand zu blindem Vertrauen oder zur Aufgabe Ihres gesunden Menschenverstandes rät, seien Sie vorsichtig.

Glauben kann extrem vernünftig und logisch sein. Ein Glaube, der hinter dem gesunden Menschenverstand zurückbleibt ist unreif und wartet darauf weiterentwickelt zu werden. Glauben Sie nur mit dem gesunden Menschenverstand, niemals gegen ihn. Wohl aber über ihn hinaus!

Ignatius von Loyola beschreibt es so: „*Halte deinen Geist innerlich so frei, dass du auch stets das Gegenteil tun könntest. Lass dich von keinem Hindernis abhalten, diese Geistesfreiheit zu hüten. Sie gib niemals auf.*" (Geistliche Briefe 335).

2.2 Gott ist lebensbejahend

Der Gott der Bibel bejaht das Leben („*und Gott sah, dass es gut war*", Gen 1,3-31) und will seinen Fortgang[11]. Leid und Tod gehören dabei selbstverständlich dazu. Es ist gerade die Aufgabe des Menschen, dieses zu bestehen.

Jesus ist einer, der nicht nur das „Leben in Fülle" versprochen hat[12], er hat dieses auch gelebt und das Leben vor die Konventionen gestellt[13].

Im Gegensatz dazu ist aber selbst von Papst Benedikt XVI. noch der Grundsatz überliefert: „*Es gilt der Vorrang des Sakraments vor der Psychologie. Es gilt der Vorrang der Kirche vor der Gruppe[14].*" Damit stellt Papst Benedikt trotz seiner tiefen Verbundenheit zu Jesus die Sakramente vor den Menschen. Die kirchlichen Sakramente sind aber weit weniger als der (aus biblischer Sicht) von Gott am Anfang der Welt höchstpersönlich vorgegebene und vorgelebte Sabbattag. Und selbst diesen ordnet Jesus dem Menschen unter[15].

Der Konflikt zwischen grundsätzlicher Regel (Gesetz) und menschlicher Freiheit (Übertretung) ist wahrscheinlich so alt wie die Menschheit selbst[16]. Einen Gott, der diese Menschlichkeit in all ihrer

Schwäche nicht akzeptiert, dessen Grundeigenschaft es nicht ist, menschliche Fehler zu verzeihen (und damit letztendlich menschliche Schwachheit zu bejahen), würde ich nicht anbeten.

Es gilt den Gott zu entdecken, in dem die Spontanität und Unmittelbarkeit eines freudigen Lebens keinen Gegensatz zu einem gottesfürchtigen Leben darstellt.

2.3 Gott bereichert das Leben

Viele Jahre lang war es gute Tradition, Gott als Lückenfüller zur Erklärung von sonst nicht verstehbaren Vorgängen zu gebrauchen. Die Beziehung von Wissenschaft und machtpolitisch orientierter Religion ist lange und unheilvoll.

Viele Jahre lang hatte dieser „Gott als Lückenfüller" aber auch seine gute und wichtige Seite: Der Mensch konnte seine Angst, seine Unsicherheit vor den (damals) unerklärlichen Vorgängen der Natur auf ihn projizieren und auf diese Weise innerlich überleben. Diese Zeiten sind allerdings in unserem Teil der Welt vorbei, dieses Gottesbild können wir beiseitelegen.

* * *

Der Glaube an Gott wird immer ein Glaube bleiben. Eine Gewissheit wird es erst in der Stunde unseres Todes geben:

> Joh 20,29: „Weil du mich gesehen hast, glaubst du. Selig sind, die nicht sehen und doch glauben."

Wenn ich aber nicht sehe, warum sollte ich dann doch glauben? Worin liegt diese Seligkeit?

Für mich persönlich ist es recht einfach zu beantworten, warum ich an Gott glaube, ihn suche:

- In keiner Stunde meines Lebens, auch nicht in meiner Todesstunde, bin ich allein gelassen. Ich bin vielmehr tief verankert im realen Leben.
- Es gibt eine schriftliche Offenbarung, die mir hilft, mich in der Welt zu orientieren und mich auszurichten. Damit wird das Leben ein gutes Stück einfacher.
- Es gibt einen tiefsten Punkt in meinem Leben, den Punkt, an dem mein foucaultsches Pendel aufgehängt ist. Ich kann nicht mehr aus der Bahn geworfen werden, weil sich die ganze Welt um diesen Punkt dreht. Er ist der Nabel der Welt, der Dreh- und Angelpunkt, aus dem ich lebe und in den hinein ich sterbe.

* * *

Suchen Sie ausschließlich einen Gott, der Ihr Leben besser, reicher, schöner macht. Es gilt den Gott zu entdecken, der mich wie Abraham aus dem alten Land herausführt, der mich wie Israel aus der Sklaverei rettet, der mich wie Jesus durch den Tod hindurch begleitet und auferstehen lässt. Es gilt den Gott zu entdecken, der das Leben bereichert und heil macht. Wozu sonst sollten Sie einen Gott brauchen? Irgendeinen Sinn muss das Ganze ja machen, oder?

Es ist ein bisschen wie bei der Ehe: Man entscheidet sich (hoffentlich) nur dann für diese Lebensform, wenn das Zusammenleben mit einem/diesem Partner einen grundsätzlichen Zugewinn erhoffen lässt. In diesem Sinn ist Ehe eine Art Werkzeug, eine Zweckgemeinschaft. Aber eben unendlich viel mehr.

Hat man sich einmal entschieden, dann wird dieser Zugewinn mit jeder überwundenen Krise größer und tiefer. Das Bild von Gott als Braut passt in vielen Fällen sehr gut.

2.4 Die Seele spüren

Im Mittelalter gab es Zeiten, in denen es Mode war, sich nicht zu waschen. Das ist sehr lange her. Es gab auch Zeiten, in denen Sexualität tabuisiert wurde. Das ist noch gar nicht so lange her. Menschen können weite Bereiche ihres Daseins vollständig ignorieren oder gar negieren.

Bitte schauen Sie sich den Fingernagel Ihres Daumens an. Dort gibt es unten einen kleinen hellen Bereich. Wenn Sie nicht medizinisch vorgebildet sind, werden Sie dessen Namen wahrscheinlich nicht kennen. Aber auch wenn dieser Körperbereich keinen Namen hat, existiert er doch.

Mit der Seele ist es so, dass sie zwar einen Namen hat, aber niemand weiß, ob sie wirklich ein Körperbereich ist. Aber das ist gar nicht wichtig, weil mit dem Namen Seele einfach die feinen Gemütsregungen des Menschen gemeint sind, sein Innenleben: der Bereich der Liebe, der Trauer, der Angst, der tiefen Sehnsucht nach Heimat, Geborgenheit und Lebenssinn. Und dass dieser Bereich existiert, das hat sicher jeder Mensch irgendwann in seinem Leben gespürt.

Stellen Sie sich nun bitte vor, Sie kommen in ein Land, in dem der Mund tabuisiert ist. Natürlich wird gegessen und geredet. Man hat ja auch zu jenen Zeiten Kinder gezeugt, als Sexualität tabu war. Aber in diesem Land werden Zähne nicht geputzt. Die Menschen stinken aus dem Mund und sind ob der fauligen Zähne unansehnlich und krank. Deshalb öffnen die Bewohner dieses Landes den Mund kaum und schauen sich gegenseitig nicht ins Gesicht. Was sagen Sie dazu? Igitt! Aber genau dieses Bild stellt sich ein, wenn man sich vergegenwärtigt, wie wir in unserer derzeitigen Welt mit unserem seelischen Bereich umgehen.

Jeder Mensch kennt Liebe, Trauer, Heimweh, tiefe Sehnsucht, Sinnkrisen. Und trotzdem wird häufig so getan, als wären das Hirngespinste. Was wirklich zählt, sind die harten Fakten. Der seelische Bereich ist in weiten Teilen unserer Gesellschaft ein Tabu.

Die Seele benötigt aber – wie auch die Zähne – regelmäßige Pflege und Reinigung. Das ist ganz natürlich und menschlich. Anstatt sich aber dieser Aufgabe zu stellen nehmen wir die Angebote der zwischenzeitlich gigantischen Unterhaltungsindustrie wahr oder flüchten uns in die immer hektischer werdende Arbeitswelt oder in andere Süchte. Wenn wir aber jede stille Minute vermeiden, können wir unsere Seele nicht wahrnehmen, wir wissen gar nicht, dass es sie gibt. Die Seele wird unansehnlich und krank. Wir schauen uns gegenseitig nicht in die Seelen.

* * *

Eine wirklich tiefe Annäherung an Gott ist aber nur über die Seele möglich. Es ist notwendig, den Blick nach innen zu richten. Oft erschrecken wir dann, wenn wir dort eine verkümmerte und leidende Seele erblicken. Haben Sie davor keine Angst! Wenn Sie Ihre Seele entdecken, pflegen und schließlich freilassen, wird sie zunächst einige Flugübungen machen, sich dann orientieren und schließlich direkt „nach Hause" fliegen. Die Seele führt zu Gott, sie kann gar nicht anders, sie ist das Abbild Gottes in uns Menschen. Die Seele des Menschen ist der von Gott eingehauchte Geist[17].

3 Gott

Ich glaube an den Gott Abrahams,
den Gott, der uns herausruft,
der unglaubliche Dinge geschehen lässt,
auf den ich mich verlassen kann.

Ich glaube an den Gott, der keinen Namen braucht.
Dessen Name "Dasein" und "Nähe" ist.
Den Gott, dem es egal ist,
mit welchen Namen man ihn anspricht,
der von den Menschen gespürt werden möchte.

Ich glaube an den Gott,
der hinter dem Judentum, dem Christentum und
dem Islam steht.
Den Gott, dessen Herz in jeder
lebensbejahenden Religion schlägt,
weil er weit größer ist als jede Religion es je sein kann.
Den Gott, über den sich keine positiven Aussagen[18]
treffen lassen, weil er hinter allem versteckt ist.
Den Gott, der Nichts und Alles zugleich ist.

Ich glaube, dass der Mensch als Abbild Gottes
geschaffen ist und dass jeder Mensch den göttlichen
Funken in sich trägt. Beten und in Gott bzw. aus Gott
leben heißt, dem göttlichen Funken nachspüren, das
göttliche Licht in sich zum Leuchten bringen.

3.1 Der definierte Gott

Was ist Gott? Zunächst einfach das, was Sie als Gott definieren. Nicht mehr, nicht weniger. Das ist natürlich etwas kurz gegriffen, lohnt aber trotzdem der näheren Betrachtung.

Erklärt man einem Kind (nennen wir es Heinz) beispielsweise, dass ein Hund Gott sei, dann wird das Kind das vielleicht zunächst glauben. Schon bald wird Heinz aber merken, dass dies nur ein komischer Name für einen Hund ist.

Erklärt man Heinz aber, dass eine bestimmte Statue Gott sei, dann kann er dies durchaus ein Leben lang glauben. Solche "dinglichen" Götter waren Jahrhunderte, wenn nicht Jahrtausende üblich[19].

Wirklich tragfähig kann der Gott, den Heinz verkündigt bekommt, aber nur sein, wenn Heinz auch daran glaubt. Gott, Glaube und Vertrauen sind untrennbar miteinander verbunden.

Mir geht es nun aber nicht um das Objekt des Glaubens, sondern um seine Definition. Ist es ein Spielkamerad, der Heinz erklärt, dass eine bestimmte Statue Gott sei, so wird er das wohl nicht glauben. Erklären es ihm die Eltern, dann vielleicht schon. Erklärt ein Priester im einundzwanzigsten Jahrhundert, dass Gott in einer Hostie im Tabernakel wohnt, so glauben das faktisch viele Menschen. Es hat also etwas mit der Autorität dessen zu tun, der definiert.

Wenn ein Glaube aber von der Autorität eines Vermittlers abhängt, dann gerät er immer ins Wanken, wenn eine andere oder gar eine größere Autorität auftritt. Daher will wohl überlegt sein, welcher Autorität man glaubt[20]. Mich selbst hat es viele seelische Qualen gekostet zu erkennen, dass ich mir selbst nicht zutraue, die Anwesenheit Gottes zu definieren, mich aber vorgegebenen Definitionen ziemlich unreflektiert unterordne.

Ein dauerhaft tragfähiger Glaube muss aber in der eigenen Person verankert sein. Karl Rahner drückt es so aus: *„Der Fromme von morgen wird ein Mystiker sein, einer, der etwas erfahren hat, oder er wird nicht mehr [fromm] sein[21].“*

3.2 Der negative Gott

Gott hat immer etwas mit Transzendenz zu tun, mit dem Nie-Greifbaren. Augustinus drückte es so aus: *„wenn Du es verstehst, ist es nicht Gott“*. Dietrich Bonhoeffer sagt: *„einen Gott, den es gibt, gibt es nicht“*. Die Muslime sagen: *„Allahu akbar“*, was soviel bedeutet wie „Gott ist (unvergleichlich) groß". Gott ist in diesem Leben definitionsgemäß unerreichbar[22]. Es können immer nur Aspekte gesehen werden, nie das Ganze.

Aufgrund dieser Erkenntnis stehe ich der negativen Theologie nahe: Gott kann nicht positiv beschrieben werden. Es kann nicht gesagt werden, wer, was oder wie Gott ist. Gott kann man sich nur in einer negativen Abgrenzung nähern, indem man verneint, was nicht Gott ist.

3.3 Der Gott Abrahams

Die Juden glauben an den EINEN Gott, der sie aus Ägypten herausgeführt hat. Er stellt sich Mose am Dornbusch mit folgenden Worten vor[23]:

> „Ich bin der Gott deines Vaters, der Gott Abrahams, der Gott Isaaks und der Gott Jakobs."

Es ist also der Gott der Väter, der Gott, an den auch schon die Vorfahren geglaubt haben. Dieser historische Bezug ist im Judentum besonders wichtig.

Einer der zentralen Erzväter dieser historischen Tradition war Abraham. An ihn erging die Verheißung, dass er zu einem großen Volk werden wird, wenn er denn aufbrechen und sein angestammtes Land verlassen würde[24].

Jesus Christus war Jude und glaubte an eben diesen Gott[25]. In seiner Nachfolge glauben wir Christen an den gleichen Gott wie die Juden, an eben diesen Gott Abrahams.

Die jüdische und die christliche Tradition berufen sich auf Abraham. Dieser hatte aber zwei Söhne: Ismael, der ihm von Hagar geboren wurde, und Isaak, der von Sara geboren wurde. Nach dem biblischen Zeugnis kann davon ausgegangen werden, dass die beiden Brüder nicht unbedingt ein Herz und eine Seele waren[26] und es in der Familie nicht immer harmonisch zuging[27]. Gleichwohl waren Isaak und Ismael wohl zumindest soweit miteinander versöhnt, dass sie ihren Vater gemeinsam begruben[28].

Aus den Nachkommen Isaaks erwuchsen später die zwölf Stämme Israels.

Auch die Muslime berufen sich auf Abraham[29]. Nach ihrem Verständnis erhielt Abraham von Gott den Auftrag, seinen erstgeborenen Sohn Ismael und dessen Mutter Hagar an dem Ort zurückzulassen, der später zum heiligsten Ort der Muslime werden soll: Mekka. Ismael und Abraham gelten nach dem Koran als die Erbauer der Kaaba[30].

Spannend ist nun, dass selbst nach biblischem Zeugnis der an Abraham ausgesprochene Segen[24] sowohl für Isaak als auch für Ismael explizit bestätigt wird[31]. Beide Nachkommen Abrahams werden also Segen sein: sowohl unser jüdisch-christlicher Vorfahre Isaak als auch der muslimische Vorfahre Ismael.

Jeder frei denkende Mensch wird nach relativ kurzer Zeit der Beschäftigung mit diesem Thema akzeptieren können, dass die drei abrahamitischen Religionen (Judentum, Christentum und Islam) auf die gleichen Wurzeln zurückzuführen sind und auch den gleichen Gott anbeten: den Gott Abrahams.

Dies ist übrigens tatsächlich auch zwischen den Religionen weitgehender Konsens[32]. In Lumen Gentium, einem Dokument des Zweiten Vatikanischen Konzils, heißt es: *„die Muslime, die sich zum Glauben Abrahams bekennen und mit uns den einen Gott anbeten"*.[33] Im Koran sprechen die Suren 29,46[34] (*„Und unser Gott und euer Gott ist der Eine"*) und 5,46[35] von dem gemeinsamen Gott der drei

Religionen. Die Sure 2,136 (und nahezu gleichlautend ist die Sure 3,84[36]) lautet gar:

> „Sagt: ' „Wir glauben an Gott und an das, was uns wurde herabgesandt, ' und was Abraham wurde herabgesandt, ' Ismael, Isaak, Jakob und den Stämmen, ' und was empfingen Mose und Jesus, ' und was empfingen die Propheten von ihrem Herrn. ' Nicht unterscheiden wir unter ihnen ' und Ihm wir sind ergeben." "

Diese Erkenntnis war für mich ein Schlag!

Wenn Juden, Christen und Muslime an den gleichen Gott glauben, dann sind alle Fragen der Trennung nur menschliche Hindernisse, die zu überwinden sind. Insbesondere ist dann die Frage nach dem Katholischen oder dem Evangelischen, die mich so lange umgetrieben und mein persönliches Glaubensleben stark beeinflusst hat, unbedeutend und vernachlässigbar.

Wenn Juden, Christen und Muslime an den gleichen Gott glauben, dann will ich nur diesem Gott folgen und ihn in seiner ganzen Fülle in den Blick nehmen!

3.4 *Der personale Gott*

Der Religionswissenschaftler Michael von Brück führte in einem Vortrag über Gottesvorstellungen auf dem ökumenischen Kirchentag 2010 aus, dass alles, was wir denken, Bilder aus unserem Inneren, Produkte unseres Geistes sind. Ein unverstellter Blick auf die Wirklichkeit ist dem Mensch nicht möglich.

Er unterscheidet drei Kategorien von Gottesvorstellungen:
- *Die präpersonale Gottesvorstellung* (z. B. Gegenstände, Figuren, Feuer, Wasser, Wind, Sturm)
Hier geht es um ein nicht reflektiertes Ergriffensein, ein Erkennen mit dem Herzen, mit dem Bauch.
- *Die personale Gottesvorstellung* (z. B. Gott als Herr und König, also höher stehend, oder Gott als Vater und Freund, also auf gleicher Ebene)
Hier geht es um das „Du", die Beziehungsebene, ein Beziehungsgefüge. Wichtig ist das Hören, Sprechen und Antworten im Gebet.
- *Die transpersonale Gottesvorstellung* (keine in Sprache ausdrückbare Gottesvorstellung, z. B. Urkraft, Energie, Quelle des Lebens, die Liebe selbst)
Hier geht es um Meditation, Achtsamkeit, Wachsamkeit.

Dabei ist ihm wichtig, dass es keine Entwicklungsgeschichte der Gottesvorstellungen gibt. Alle drei Kategorien sind gleichzeitig und gleichberechtigt im Menschen verinnerlicht.

Mit meinen eigenen Worten würde ich sagen: Gott ist sowohl der Hintergrund hinter allem (transpersonal), als auch das Du meiner Seele (personal), als auch die Symbolik aller Dinge (präpersonal).

Philosophisch kann dieses Gottesbild wohl am ehesten dem Panentheismus[37] zugeordnet werden.

3.5 Der Gott der Bibel

Ich glaube also an einen nicht positiv definierbaren Gott, der der gemeinsame Gott der Juden, der Christen und der Muslime ist. Von der derzeitigen Lebenswirklichkeit der Religionen ausgehend ist es somit ein selbst erfundener Gott.

Aber das ist er natürlich nicht, sonst würde ich mich hüten, davon zu sprechen. ER ist verifizierbar, nachprüfbar, belastbar.

Aufzeigen mag ich mein Gottesbild an den ersten Sätzen aus den zehn Geboten in der Fassung des Buches Exodus[38]. Dort scheint mir der lebendige Gott ganz besonders auf.

3.5.1 Exodus 20,2

> „Ich bin Jahwe, dein Gott, der dich aus Ägypten geführt hat, aus dem Sklavenhaus."

Gott selbst sagt hier etwas über sich aus. Es ist sein zentrales „Ich-bin"-Wort. Er stellt sich als derjenige vor, der mich aus der Sklaverei geführt hat.

Gott führt in die Freiheit! – Das ist für mich eine der unabdingbaren Grundvoraussetzungen.

Wie die historische Erfahrung zeigt, kann mit der Bibel aber nahezu jede Gottesvorstellung untermauert werden. Man muss sich zuerst klar darüber sein, welcher Gott gesucht wird. Dieser kann aus der Bibel dann auch herausgelesen werden.

Gerade weil eben auch beliebige andere, nicht in die Freiheit führende Götter gefunden werden können (z. B. unterdrückende, strafende, zum Mord aufrufende), folgt auf Ex 20,2 sofort Ex 20,3: *„Du sollst neben mir keine anderen Götter haben"*. Es geht darum, nur dem Gott zu dienen, der in die Freiheit führt, keinem anderen.

Bei noch genauerer Betrachtung stellt sich Gott aber nicht als der vor, der in die Freiheit führen wird, sondern als ein alter Bekannter, der dies bereits getan hat. Er redet in der Vergangenheit. Ich müsste ihn also schon kennen, dieses Geschehen bereits erfahren haben.

Es gibt die Aussagen: Gott ist immer größer; Gott ist der Unüberbietbare; der, über den nichts Größeres gesagt werden kann. Wie sollte ich Gott also kennen, wenn er doch per definitionem nie fassbar ist?

Die Antwort fand ich in mehreren Stellen. Der Mensch ist nach biblischer Auffassung als Abbild Gottes erschaffen[39]. Es darf also davon ausgegangen werden, dass in jedem Menschen ein göttlicher Funke vorhanden ist. Jesus sagt uns explizit zu, dass wir fähig sind, die Wahrheit zu erkennen[40]. Er geht sogar davon aus, dass wir bereits den Weg (zum Vater) kennen[41]. Nach Zensho W. Kopp gibt es solch eine Auffassung auch im Zen[42]. Er schreibt in seinem Buch „Zen und die Wiedergeburt der christlichen Mystik": *„Zen hegt das absolute Vertrauen zum inneren Wesen des Menschen, alle Wahrheit kommt im Zen von innen."*

Der Weg zum Heil des einzelnen Menschen ist in seinem Innersten immer angelegt. In jedem kleinen Trieb ist bereits angelegt, ob er ein Apfel- oder ein Kirschbaum werden wird, auch wenn dies erst Jahre oder Jahrzehnte später zur Entfaltung kommen wird.

Das ist mitnichten die Vorstellung von einem übernatürlichen göttlichen Wesen, das alles vorausbestimmt hat. Es ist gerade die Abkehr von einem übernatürlichen Wesen, das im Außen möglicherweise existiert oder auch nicht. Es ist das Bild von einem Gott, der in meinem Innersten auf mich wartet. Ein Gott, den ich schon immer kenne, ohne davon zu wissen. Ein Gott, der mir von innen heraus den Weg in meine (ganz individuelle) Freiheit weist.

* * *

Wer sich dieser Führung überlässt, der muss den Weg trotzdem selbst gehen. Nach dem Zeugnis des Buches Exodus sind die Israeliten mit dem Versuch der Sklaverei zu entfliehen neunmal gescheitert. Als es beim zehnten Anlauf endlich gelang, bedingte dies den Tod vieler anderer Menschen[43]. Echte Freiheit ist nicht zum Nulltarif zu erhalten.

3.5.2 Der Gottesname

In Ex 20,2 ist der Gottesname enthalten. Er wird in Ex 3,13-14 beschrieben:

> „Da sagte Mose zu Gott: Gut, ich werde also zu den Israeliten kommen und ihnen sagen: Der Gott eurer Väter hat mich zu euch gesandt. Da

werden sie mich fragen: Wie heißt er? Was soll ich ihnen darauf sagen? Da antwortete Gott dem Mose: Ich bin der «Ich-bin-da». Und er fuhr fort: So sollst du zu den Israeliten sagen: Der «Ich-bin-da» hat mich zu euch gesandt."

In diesem Gottesnamen stecken für mich drei Bedeutungen:

- „Ich bin" – Gott teilt den Menschen mit, dass er existiert. Diese Erkenntnis begründet die Menschenwürde. Weil Gott existiert und mit dem Menschen Kontakt aufnimmt, ist der Mensch kein biologisch-chemisches Zufallsprodukt mehr. Der Mensch ist mehr als die Summe seiner Moleküle. Die Seele des Menschen ist der von Gott eingehauchte Geist[17].
- Ich bin der „Ich bin" – Für einen Menschen, der sich selbst als seiend erfährt, ist es ein grammatikalisches Paradox vom Sein zu sprechen. Denn er ist ja selbst Teil dieses Seins und kann daher schwerlich im Passiv davon sprechen. Er ist ja immer auch selbst betroffen. Wie viel mehr muss dies dann für einen Gott gelten. Wenn er von (s)einem Sein sprechen wollte, kann er doch nur von "Ich bin" sprechen. Somit verstehe ich Gott so: „Ich bin das Sein an sich und mein Sein obendrein". Und wenn Gott das Sein an sich ist, dann ist er damit auch das Nichts im philosophischen Sinn, das Nirwana im buddhistischen Sinn, das Größte, der Einzige im islamischen Sinn.

- Ich bin der „Ich bin da" – Gott geht über seine eigene Existenz hinaus und spricht dem Menschen zu, „da" zu sein. Gott ist bei uns und mit uns! Er führt uns und wir können seinen Funken in unserem Inneren finden.

Wenn man Gott als das Sein an sich anerkennt, als die Leinwand auf der das Leben gemalt ist, dann handelt es sich nicht mehr um einen außenstehenden Gott, dann ist Gott mitten im Leben selbst. Und nur und ausschließlich darum geht es mir. Das Bild des "Gott als Sein" ist auch nur ein Bild. Und jedes Bild ist immer falsch, wie ich später noch aufzeigen will. Es geht immer nur um ein lebendiges Leben[44].

Wenn Gott kein übernatürliches Wesen mehr sein muss, sondern nur einfach das Sein an sich sein darf, dann ist die Einheit mit Gott[45] das bloße (glückliche) Dasein. Dann ist jedes Sich-fallen-lassen ein Fallen in Gottes Hand. Dann bleibt immer nur Gott, wenn alles andere zu Ende ist.

Wenn Gott das Sein an sich ist, dann ist jede Ruhe unmittelbar mit Gott verwoben. Dann wird Gott zu dem Ankerpunkt, an dem ich zur Ruhe kommen und von dem aus ich laufend neu entscheiden kann, was gerade ansteht. Dann ist Gott der Raum, der keine Ansprüche an mich stellt.

Wenn Gott von jedem Zweck befreit und aller Verpflichtungen enthoben ist, wenn er nicht mehr Wunscherfüller oder Wissensersatz sein muss, wenn er einfach nur sein darf, dann kann es geschehen, dass unvermittelt seine unumschränkte Herrlichkeit, Größe und Heiligkeit aufscheint[46].

* * *

Wer sich auf Gott als das reine Sein einlässt, der wird aber bald sehen, an welchem seidenen Faden unser gesamtes Leben hängt. Ich erkannte, dass meine Kinder immer in Gottes Hand ruhen und er sie mir jederzeit nehmen kann, wann immer er möchte. Da braucht er weder meine Zustimmung, noch braucht er es vorher anzukündigen. Jedes Telefonklingen kann eine Hiobsbotschaft bedeuten. Jeder folgenschwere Unfall ist immer nur einen Sekundenbruchteil entfernt und kann sich jederzeit ereignen. Das Leben ist so. Gott ist keine Beruhigungspille, er führt uns vielmehr an den Puls des Lebens.

Wenn wir ehrlich mit uns selbst sind, müssen wir anerkennen, dass wir unsere Kraft und unsere Fähigkeiten geschenkt bekommen (und dann natürlich weiterentwickelt) haben und doch können wir nicht vollständig über sie verfügen. Gott oder das Leben können sie uns jederzeit wieder nehmen.

Soweit ist dieses Bild relativ unschön. Drehen wir es aber um, dann sind wir plötzlich bei einem unbeschreiblichen Gott, der uns jeden Augenblick all die Kräfte schenkt, die notwendig sind – und sie uns eben nicht nimmt. Das können die vertrauten, bekannten Kräfte sein, es kann aber auch das plötzlich Neue und Andere sein.

Es kann aber auch viel weniger sein als wir uns wünschen. In diesem Fall bleibt uns nichts, als zu resignieren, womit wir automatisch in Gottes Hand fallen.

3.5.3 Exodus 20,3

„Du sollst neben mir keine anderen Götter haben."

Manchmal wird dieser Satz (auch von Christen) so ausgelegt, als solle man keine anderen Religionen tolerieren. Dabei wird vergessen, dass Jesus uns die Toleranz, ja sogar die Akzeptanz der anderen Religionen vorgelebt hat. Er hat Unterschiede in der Abstammung[47], Unterschiede in der Religion[48] und weltliche Unterschiede[49] hintangestellt.

Problematisch ist es, wenn Gott gar aus einem Gegensatz heraus gedacht oder definiert wird, z. B. mein Gott, dein Gott, richtiger oder falscher Gott, Gott oder Teufel, gut oder böse. Solche Ansätze führen zwangsläufig immer zu einer Spaltung. Sie widersprechen damit dem biblischen Gott, der ein übergreifender Gott ist und immer auch die Gegenseite umfasst[50].

Somit ist Ex 20,3 für mich einerseits die Aufforderung, dem Leben zu trauen, weil Gott es mit uns lebt[51]. Zum anderen ist es aber auch die Aufforderung, sich an nichts sonst zu hängen: Mensch, bedenke, dass Du sterben wirst. Staub bist Du gewesen, zu Staub wirst Du zurückkehren. Alles ist nur eine Weile schön.

Wenn die menschliche Existenz nicht immer wieder zurückkehrt zum wesentlichen Kern, zum Sein, zur bloßen Existenz, zu Gott im Sinne des Gottesnamens, dann verläuft sie sich in den Weiten des alltäglichen Scheins. Sie verirrt sich, wir werden wie Schafe ohne Hirten.

In dem Lied Bobby McGee von Janis Joplin heißt es: *„Freedom's just another word for nothing left to lose"*.[52] Darum geht es. Wenn ich mein Herz an nichts anderes hänge als an den foucaultschen Punkt „Gott", dann lande ich in absoluter Freiheit, weil ich nichts mehr zu verlieren habe.

Wenn ich zu der Überzeugung gelange, dass mir nur und ausschließlich mein bloßes Sein gehört und auch dies nicht in meiner Hand liegt, dann packt mich erst einmal das Grauen und der tiefe, harte Abschiedsschmerz. Der Lohn dafür ist, dass danach jeder Augenblick des Lebens pures Geschenk ist.

Dies hört sich jetzt vielleicht so an, als könne man das in irgendeiner Form „machen" oder „erlangen". Das glaube ich nicht. Es ist eher eine Einstellung, eine Überzeugung, die in jedem Augenblick immer wieder neu gelebt werden will. Mal mehr, mal weniger erfolgreich. Halt einfach so lebendig wie das Leben selbst.

* * *

Ich habe das Gefühl eines Regenschirms, eines Lichtkegels. Nur ein Schritt zur Seite und ich bin raus. Beschützend hier und beängstigend dort. Sich ausschließlich auf Gott verlassen, keine eigenen Wege gehen wollen.

Christi Himmelfahrt. Bleibt in der Stadt, bis ich Euch meinen Geist sende[53]. Das hat mich angesprochen. Es ist nichts zu tun, nur Ihn im Blick zu behalten.

Entzaubert. Ausgeträumt. Es gibt kein Ziel. Der Weg ist extrem schmal: es ist das Verweilen in seiner Güte, in seinem Schutz, in seiner Geborgenheit.

Es gibt keine große umfassende Fülle, sondern nur die kleine unendliche Fülle um mich herum. Und die ist nie erreichbar, sondern nur wahrnehmbar. Nie angekommen sein. Hart. Nur im Schutz stehen können. Nie Ruhe auf Erden, immer wieder neu nach dem Schutz ausrichten müssen. Mühsam, unbefriedigend. Aber lebendig, nicht tot.

Bedingungslos mit dem Lichtkegel mitgehen. Den Schutz suchen meint: immer loslassen und den Schutz des nicht stillstehenden Regenschirms neu aufsuchen. Nicht in Aktivität. Bewegung in Passivität. Er führt.

3.5.4 Exodus 20,4

> „Du sollst dir kein Gottesbild machen und keine Darstellung von irgend etwas am Himmel droben, auf der Erde unten oder im Wasser unter der Erde."

Lange Jahre fand ich diesen Satz unverständlich. Wie soll das gehen? Was soll das überhaupt? Der Mensch lebt doch von Bildern, die Seele spricht in Bildern, Jesus redet in Bildern von Gott.

Es war das Bild von Gott als Braut, das mich auf die Spur brachte. Stellen Sie sich Ihren Lebenspartner oder einen sehr guten Freund vor. Und jetzt machen Sie sich ein Bild von ihm. So wie er ist. Malen Sie sich dieses Bild nuanciert und genau aus. Ist das Ihr Lebenspartner, Ihr Freund? Nein, sicher nicht.

In diesem Sinne verstehe ich dieses Gebot: Stecke Gott nicht in eine Schublade! Nagle ihn nicht auf die eine oder andere Eigenschaft oder Verhaltensweise fest! Lass ihn als lebendige Person, als lebendiges Sein bestehen!

Das Bilderverbot bezieht sich nicht nur auf Gott, sondern auch auf *„alles am Himmel droben, auf der Erde unten oder im Wasser unter der Erde"*. Es ist damit die Aufforderung, den anderen Menschen, ja der ganzen Schöpfung, dem ganzen Sein vorurteilsfrei zu begegnen.

Gegenüber Gott führt das Bilderverbot in dem hier verstandenen Sinn zu einer unglaublichen Demut.

Wenn ich Gott vorurteilsfrei als eigenständige Person, als eigenständiges Sein anerkenne, dann habe ich keine Macht mehr über ihn. Dann kann ich ihn mir eben nicht mehr machen, ihn mir nicht selbst ausdenken.

Dieses bewusste Entlassen von Gott in eine Nichtvorstellung ist zweischneidig. Einerseits stellt es den Suchenden vor das Problem, dass er Gott in diesem Leben nie finden wird. Er wird nie ans Ziel gelangen.

Es ist daher in gewisser Weise sinnlos, Gott suchen zu wollen. Gott ist immer und überall. Aber das Spüren der Nähe Gottes, seine Anwesenheit ist trotzdem immer Gnade und nie machbar. Der Mensch kann nicht über Gott verfügen, ihn herbeirufen oder gar herbeizaubern. Es liegt an Gott, sich zu zeigen.

Wohl aber kann der Mensch Umstände schaffen, dass Gott spürbar wird. Es ist wie bei der Liebe zwischen freien und mündigen Menschen. Man kann nur Rahmenbedingungen schaffen und hoffen. So kann man auch Gott nicht aktiv suchen. Man kann nur Rahmenbedingungen schaffen und wachsam sein und ihn dann und wann im Leben aufblitzen sehen.

Andererseits hilft das Bilderverbot aber ungemein, sich Gott nähern zu können. Es ist ein hervorragender Maßstab, um herauszufinden, ob Aussagen tatsächlich versuchen, von dem einen unfassbaren Gott zu sprechen. Oder ob ein Götzenbild erschaffen wird.

Zur Unterscheidung verwende ich ein gedankliches Experiment. Ich stelle mir zwei Personen vor, die sich in einigem Abstand gegenüber stehen: Gott und Mensch. Zwischen die Beiden stelle ich die Aussage über Gott, die Frage, die Feststellung, die Behauptung, den Wunsch. Was auch immer gerade zu prüfen ist. Und dann frage ich nach der Beziehung zwischen den beiden Personen. Dabei kommt es weniger auf die Worte, sondern auf die Gefühle und Erwartungen an. Man kann die Person, die Gott repräsentiert, auch durch ein etwa vierjähriges Kind ersetzen, um die feinen Nuancen besser und sicherer erspüren zu können. Es gibt dabei drei mögliche Ergebnisse, die ich als Ebenen bezeichne:

- Der Mensch ist dominanter als Gott.
- Beide begegnen sich respektvoll auf gleicher Augenhöhe.
- Gott ist dominanter als der Mensch.

Die erste Ebene ist die Ebene der Götzenbilder. Sie zeigt an, dass der zu prüfende Gedanke irdischen Ursprungs ist. Der Mensch stellt sich hier über Gott, lässt ihn nicht in seiner absoluten Freiheit. Er legt Gott nach seinem Wunsch, seiner Vorstellung oder einfach nach seiner menschlichen Logik fest. Das kommt viel häufiger vor, als man es vielleicht erwartet. Einige Beispiele:

- Gott (oder das Kind, das für ihn steht) wird gemaßregelt oder muss sich erklären, sich rechtfertigen:
  Warum hast Du ...?
  Wie konntest Du ...?

- Gott (oder das Kind, das für ihn steht) wird in eine Schublade gesteckt, auf eine Eigenschaft beschränkt oder in ein Vorurteil gezwängt:
  Der allmächtige Gott.
  Der Gott, der im Jenseits alles vergelten wird.
- Gott (oder das Kind, das für ihn steht) wird auf vermeintlich eindeutige Schlussfolgerungen festgelegt:
  Weil..., deshalb...
  Wenn..., dann...
- Selbst wenn Gott nur beeinflusst werden soll, ist dies bereits dieser ersten Ebene zuzuordnen.
  Ich denke hier an alle Arten von Handelsgeschäften mit Gott, die nicht von der Seele, sondern vom Verstand geleitet sind.
  Bei intensiven Bittgebeten dürfte es aber unmöglich sein, diese Ebene nicht zu betreten. Dies ist menschlich und sogar Jesus hat diese Ebene gestreift[54].
- Und schließlich fällt es in diese erste Ebene, wenn Menschen oder Institutionen „wissen" was Gott will oder wie Gott ist.

Die zweite Ebene, auf der sich Gott und Mensch auf gleicher Augenhöhe begegnen, wird vom Gott der Bibel voll und ganz akzeptiert. Abraham[55], Loth[56], Mose[9], Hiob[8], Jona[57]: Alle streiten und diskutieren mit Gott wie auf einem orientalischen Basar! Wenn auf dieser Ebene alles offen bleibt und nichts erzwungen wird, dann nutzt der Mensch seine maximale, von Gott geschenkte Freiheit. Erzwingbar ist auf dieser Ebene aber nichts. Es gibt nur Lichtblitze, Versuche von Antworten. Hier würde ich die Begriffe Gnade und Offenbarung ansiedeln.

Auf dieser Ebene gibt es keine über Gott stehenden oder gottgleich verstandenen (absoluten) Bilder. Auf dieser Ebene gibt es nur (tiefe) Glaubensaussagen, Einsichten, Versuche Gott zu verstehen, ihn verständlich zu machen. Bilder, zu denen man sich durchringt, weil man einfach irgendetwas braucht, wohlwissend, dass es aber nur unzulängliche Bilder sind, die immer schemenhaft bleiben sollten.

Die dritte Ebene ist wohl die "natürliche" Ebene einer Beziehung zu Gott, die dem Menschen am ehesten entspricht. Hier spielt der Begriff Demut eine große Rolle. Auf dieser Ebene wird der Mensch von Gott gelenkt und beschenkt. Sie ist vom logischen Standpunkt leider oft unbefriedigend und verfestigt ungünstige Lebensstrukturen (etwas ertragen statt sich wehren). Aber dafür ist sie sehr lebenstauglich und in der Praxis belastbar.

* * *

Unter Zugrundelegung des beschriebenen Bilderverbots ist für mich nun jede positive Aussage über Gott ein Götzenbild, sofern sie tatsächlich absolut verstanden wird.

Wird beispielsweise der „liebe Gott" absolut verstanden, dann handelt es sich um ein Götzenbild. Ein verständig denkender Mensch kann daran nur verzweifeln, denn es entspricht der Lebenserfahrung, dass Gott keinesfalls nur „lieb" ist.

Was ist dann mit den ganzen Aussagen: Gott ist treu, Gott ist verlässlich, usw.? Es sind menschliche Vertrauensaussagen. Gott ist nicht treu, weil er nicht immer verfügbar ist. Gleichwohl ist er immer da. Gott ist nicht verlässlich, weil eben oft sein Wille geschieht und nicht unserer. Gleichwohl ist er immer da. Gott ist nicht immer gleich, er ist vielmehr so vielfältig wie die Welt und vor allem wie die Seelen. Gleichwohl ist er immer da und (lediglich) in dieser Hinsicht immer gleich.

Zu sehr vielen Gottesbildern stimmt immer auch das direkte Gegenteil. Dem großen, unüberbietbaren Gottesbild des Allmächtigen halte ich entgegen: Gott ist immer weniger! Gott ist nicht gewaltig und mächtig, zumindest nicht im Sinne eines Herrschenden. Gott ist einfach Nichts, und damit Alles. Gott ist nicht im Außen, sondern überall – und ganz besonders in mir selbst.

Auch die von mir gebrauchten Bilder „Gott ist da", „Gott als das Sein an sich", „Gott als Urgrund", „Gott als Leinwand auf der das Leben gemalt ist" sind Götzenbilder, wenn sie absolut verstanden werden.

Wer könnte es wagen, eine beliebige Aussage oder Textstelle über Gott oder an seiner statt zu stellen? Mach Dir kein Bild, Gott ist immer anders, Überraschungen inklusive!

Gott ist weder ein Götzenbild noch muss die Ablehnung von Götzenbildern die Leugnung Gottes bedeuten. Letzteres ist alles andere als selbstverständlich. Gott ist unter den ausgeblendeten Götzenbildern trotzdem erfahrbar und erlebbar. Es macht sogar ausgesprochene Freude mit diesem völlig freien Gott zu leben.

Es ist möglich, sich von allen Vorstellungen einer kindlich-naiven, logischen oder gerechten Welt (und eines solchen Gottes) zu verabschieden und dann trotz mangelnden Verstehens dem Leben (bzw. dem dann verbleibenden Gott) zu vertrauen und nicht daran zu verzweifeln!

Letztendlich steht hinter dem Bilderverbot das Prinzip der negativen Theologie: Gott kann nicht positiv beschrieben werden. Jeder Versuch erzeugt ein Götzenbild. Die Aufgabe ist es, die vorhandenen Götzenbilder wieder zu dem zu machen, was sie sind: Glaubensaussagen und (individuelle) Teilwahrheiten.

> *Schaue, aber werte nicht!*
> *Schaue, aber halte nicht fest!*
> *Die Welt ist, wie sie ist.*
> *Das ist weder gut noch schlecht.*
> *Sie liegt in Gottes Hand.*
>
> Sr. Johanna Schulenburg CJ

3.6 Sünde

Wer im christlichen Kontext ernsthaft über Gott nachdenken will, kommt um den Begriff der Sünde nicht herum. Jahrhundertelang war sie das zentrale christliche Motiv. Tatsächlich aber setzt sich heute kaum mehr einer ernsthaft mit Sünde auseinander. Der Begriff ist mittlerweile hohl und leer geworden. Was ist schon Sünde?

Hier möchte ich eine Sichtweise auf Sünde vorstellen, die ich in der Bibel gefunden habe und die mir geholfen hat, den einen lebendigen Gott zu finden.

Im dritten Buch Mose wird im Kapitel 4 in den Versen 2, 13, 22 und 27[58] beschrieben, welche Opfergaben die Israeliten dem Herrn darzubringen haben, wenn sie „aus Versehen" sündigen, wenn sie sündigen, ohne es selbst zu merken.

Diese überraschend offene Sichtweise erweitert den Begriff Sünde von einer schuldhaften Verfehlung zu einer versehentlich unterlaufenen Handlung, die – das möge man sich auf der Zunge zergehen lassen – noch nicht einmal (gleich) bemerkt werden muss. Neudeutsch würde man sagen: Shit happens.

Es geht darum, den Begriff Sünde zu erweitern und nicht zu ersetzen. Wichtig ist, den Fokus von der Schuld wegzunehmen, denn diese Verquickung von Schuld und Sünde steht einem lebendigen Leben im Weg. Sünde ist nichts wirklich Gutes, aber auch nichts, weswegen man Schuldgefühle haben müsste.

Es ist ein Geschehen im Leben, zu dem gegengesteuert werden sollte.

Sieht man Gott an dieser Stelle nicht mehr als ein übernatürliches Machtwesen, sondern als Urgrund des Lebens an, dann kann unter Sünde plötzlich alles verstanden werden, was nicht lebensbejahend ist. Und zwar egal, ob verschuldet oder unverschuldet.

Somit können sogar ein ungesunder Lebensstil oder das nicht ausreichende Achtgeben auf sich selbst und seine Umwelt bereits als Sünde bezeichnet werden.

Früher wurden Krankheiten als Strafe Gottes angesehen. Diese Zeiten sind Gott sei Dank vorbei. Krankheiten gehören zum Leben und treffen uns häufig unverhofft. Trotzdem dürfen wir nicht übersehen, dass die am häufigsten auftretenden Krankheiten auf falsche oder ungute Lebensführung zurückzuführen sind und heute Zivilisationskrankheiten genannt werden. Auch kündigen sich die allermeisten Krankheiten mit körperlichen Vorzeichen an, so dass vielfach durchaus genügend Zeit zum Gegensteuern bliebe, wenn man nur die körperlichen Warnungen bemerken und ernst nehmen würde.

Wenn der Begriff Sünde nun von der Dimension der Schuld(haftigkeit) befreit wird, und Sünde zudem als dem Leben entgegenstehend angesehen wird, dann ist Sünde auch eine Vorstufe von Krankheit: Wenn ich mich und/oder Gott vernachlässige, dann werde ich irgendwann krank. Warum also warten, bis ich krank werde, wenn Sünde (in diesem Sinn verstanden) bereits im Vorfeld „warnt"?

Wohlgemerkt, der Umkehrschluss funktioniert nicht. Krankheit ist sicher keine Strafe Gottes und auch nicht unbedingt eine Folge von Sünde. Häufig jedoch führt ein ungesunder Lebensstil (den ich in die Nähe von Sünde rücke) zu Krankheit. Bedenken Sie aber bitte immer, dass sich hinter dem Begriff Sünde hier keine Schuld verbirgt: Shit happens.

* * *

Auf dieser Basis bekommen die „alten" Floskeln nun plötzlich einen sehr lebendigen Sinn:

„*Bekenne Deine Sünden*" kann dann beispielsweise übersetzt werden mit: Überlege ohne Schuldgefühle, was schief gelaufen ist. Stehe zu Deinen Schwächen und Fehlern, erkenne sie an. Fliehe nicht vor ihnen, lasse sie zu und stehe zu dem, was war und ist. Kläre die Hintergründe und Lebensumstände auf, die dazu führen. Stehe zu Dir und erkenne Dich und Dein Unvermögen, Dich zu ändern.

„*Nimm Dein Kreuz auf Dich*" kann dann beispielsweise übersetzt werden mit: Schultere Deine Aufgaben, geh durch Deine Probleme mitten durch, drücke Dich nicht und verdränge die Fehler nicht.

„*Kehre um*" kann dann beispielsweise übersetzt werden mit: Fälle eine Entscheidung und mache Dich auf den Weg.

Die Erweiterung des Begriffs Sünde hilft, in diesen Floskeln einen Sinn und nicht nur Worthülsen zu sehen.

Mit diesem erweiterten Begriff der Sünde habe ich einen Zugang zu christlich-liturgischen Texten gefunden, die mich vorher abgestoßen haben, weil ich mich schuldig fühlen musste, wenn von „meiner Sünde" die Rede war. Nun fällt der Charakter des Vorwurfs weg und ich kann den Texten Gehör schenken, ohne mich angegriffen zu fühlen.

4 Jesus

Als katholisch sozialisierter Mensch beschloss ich vor einigen Jahren meine Religiosität zu vertiefen und das Jesusgebet (siehe Kapitel 6.2) zu erlernen.

Ich begab mich auf einen inneren Weg und Jesus führte mich ziemlich direkt aus dem scheinbar haltgebenden Gerüst meines Glaubens, in dem ich aufgewachsen bin und das ich liebte, heraus. Das war schmerzlich und mit Angst behaftet.

Ich dachte immer, ich müsse Jesus lieben und konnte es doch nicht. Jesus war von meiner Kindheit an viel zu sehr mit Bildern und Vorurteilen überfrachtet. Es war dann wie oft in der Liebe: Erst wenn man den anderen loslässt, ihn in die Freiheit entlässt, dann kann man ihn (wieder) lieb gewinnen.

Es begann damit, dass ich alle alten Bilder und Vorurteile über Bord warf und Jesus gegenüber trat, ohne etwas von ihm zu wollen oder zu verlangen. Ich trat ihm von Mensch zu Mensch auf Augenhöhe gegenüber, so wie Hiob Gott gegenüber trat. Da spürte ich, welchen Hass ich gegen ihn hegte und ich musste ihn in einem tiefen seelischen Abgrund erst selbst kreuzigen, damit er mir neu auferstehen konnte.

Später durfte ich während einer Schweigewoche in einen Nahbereich Gottes eintreten, konnte sein Wort in mir vernehmen. Es ist dieser Teil der Welt bzw. des Lebens, wo nur noch Er übrig bleibt und alles andere zurücktritt (vergleiche Kapitel 6.5). Das mag sich jetzt nach Vision anhören, so ist es aber nicht. Es ist „lediglich" die vollständige Ausblendung allen Menschseins[59]. In diesem Nahbereich aber war kein Jesus mehr. Da war nur ER. Das hat mich tief berührt.

Diese Erfahrung war keine Erfahrung, die mit den Worten des Christentums beschreibbar gewesen wäre. Nach einigem Suchen entdeckte ich, dass die dieser Erfahrung entsprechende Offenbarung im Koran niedergelegt ist.

4.1 Der Jesus des Koran

Im Koran wird Jesus nicht vergöttert, dort ist er ganz Mensch, ein Prophet wie andere Propheten auch. Sein Name ist *„der Messias, Jesus, der Sohn der Maria, im Diesseits und im Jenseits geehrt"* und einer, der Gott nahe ist[60]. Er ist jetzt und heute lebendig bei Gott[61] und wird (so eine islamische Überlieferung) dereinst am Jesusminarett der Umayyaden-Moschee in Damaskus wiederkommen.

Aber selbst nach dem Zeugnis des Korans ist er mehr als ein Prophet. Er ist *„der Gesandte Gottes"*, *„Sein Wort"*, *„Geist von Ihm"*.[62] Nach der Überlieferung des Korans wurde der Gott Abrahams durch Jesus „nur" bezeugt, nicht inkarniert (eingeboren). Dies ist eine wesentlich einfachere Sicht auf die Figur Jesus und sie trägt und führt ebenso zu Gott wie die christliche Sichtweise. Jesus ist nach koranischer Überlieferung nicht das Ziel, sondern „nur" der Weg, der zu Gott hinführt. Der Weg, der bis in den Nahbereich Gottes führt und dann dort verschwindet, in Gott selbst aufgeht.

An diesem Punkt des unklaren Verschwindens wurde mir dann auch klar, dass es gar kein Ziel gibt, dass es sinnlos ist, nach Gott zu suchen. Gott kann nicht gesucht werden. Er kann nur erkannt werden, oder eben nicht. Die kryptische Zeile "*noch ehe Abraham wurde, bin ich*" [63] leuchtete mir vor diesem Hintergrund plötzlich auf bzw. ein.

In der christlichen Sichtweise wird Jesus gekreuzigt, er stirbt und wird auferweckt. Im Koran verschwindet Jesus in unklarer Weise. Den Menschen „erschien" es so, als hätten sie Jesus getötet, Gott hat ihn zu sich erhoben[64]. In der islamischen Tradition wird dies teilweise so interpretiert, dass „ein anderer" für Jesus gekreuzigt worden sein könnte. An dem Punkt, an dem Gott und Mensch sich berühren, wird der Tod nur noch als „Schein" wahrgenommen, dort löst sich die Identität des Individuums auf, dort fällt alles zusammen und es bleibt nur noch Gott und der zu Gott „erhobene" Mensch. Ein wunderbares und anderes „Ziel"-Bild.

Die größte aller Spannungen, die zwischen Leben, Tod und Auferstehung Jesu, ist im Koran gefasst in der Aussage: Sie kreuzigten ihn nicht, es erschien ihnen nur so. Das ist die 600 Jahre später unaufgeregte Zusammenfassung der Ereignisse. In Gott fällt Leben und Tod einfach zusammen. Keine Osterfreude, keine Todesangst, ewiges einfaches Dasein. Was aber mit der (menschlichen) Aufregung eben nicht vergeht, ist der Mensch selbst: Auch der Koran bezeugt den lebendigen Jesus, nahe bei Gott.

Beide heilige Texte bekennen: Jesus lebt, Jesus ist der Messias, Jesus ist das Wort Gottes, sein Geist. Und beide erzählen von dem einen und einzigen Gott. In der christlichen Sichtweise stellt Jesus den Weg dar und verschmilzt mit Gott selbst in einer für Laien schwer verständlichen Dreifaltigkeit. In der Sichtweise des Koran ist Jesus ein Prophet, der zu Gott hinführt und dann selbst zu Gott erhoben wird.

Haben wir also keine Angst vor der jeweils anderen Schrift! Christen können den Koran und Muslime die Bibel mit hörendem und gläubigem Herzen studieren[65]. Beide Texte stammen vom gleichen Absender und sind an die gleichen Empfänger gerichtet: an alle Menschen!

* * *

Der gemeinsame Gott der drei abrahamitischen Religionen ist aber kein vereinigender, sondern ein umfassender Gott. Die Rivalität des Brüderpaares Ismael und Isaak ist in Gen 16,12 deutlich beschrieben:

> „Er [Ismael] wird ein Mensch sein wie ein Wildesel. Seine Hand gegen alle, die Hände aller gegen ihn! Allen seinen Brüdern setzt er sich vors Gesicht"

Und im Koran wird klargestellt, dass ein Wettstreit der Religionen[66] angestrebt ist:

> „Für jeden von euch [Juden, Christen und Muslime] haben Wir Richtung und Weg bestimmt. ʿ Und hätte Gott gewollt, hätte Er euch gemacht zu einer Gemeinschaft, einer einzigen. ʿ Aber Er wollte euch in dem prüfen, was Er euch gegeben. ʿ So wetteifert um die guten Dinge! ʿ Zu Gott werdet ihr zurückkehren, allesamt, ʿ und dann wird Er euch offenlegen, ʿ worüber ihr uneins wart."

Juden, Christen und Muslime sind Brüder[67] in ihrem gemeinsamen Gott und von ihm aufgerufen um die guten Dinge zu wetteifern!

4.2 Der götzenhafte Jesus

Im Jahr 325 berief der römische Kaiser Konstantin I. das erste Konzil von Nicäa ein, damit der Streit um das Wesen Jesu und die Trinität beendet werde[68]. Unter der Herrschaft von Kaiser Konstantin I. wurde das Christentum zunächst toleriert, dann privilegiert und schließlich zur Staatsreligion erhoben. Bei dem Konzil ging es dem Kaiser in erster Linie darum, die Stabilität und Einheit seines Reiches zu festigen. Er schrieb in einem Brief: „Mein Ziel war es, die unterschiedlichen Urteile unter allen Nationen, die die Gottheit verehren, zu einem Zustand der beschlossenen Einheit zu bringen, und zweitens, den gesunden Ton im Weltsystem wieder herzustellen."

Der Kaiser spricht von einer „beschlossenen" Einheit und er war es dann auch, der die Diskussion mit einem Machtwort damit beendete, dass „der Sohn eines Wesens mit dem Vater" sei. Eusebius von Nikomedia schrieb später in einem Brief an den Kaiser: „Wir handelten sündig, o Fürst, als wir aus Furcht vor Euch einer Blasphemie zustimmten."

Auf dem Konzil wurde das „Bekenntnis von Nicäa" verabschiedet:

„Wir glauben an den einen Gott,
den Vater, den Allmächtigen,
den Schöpfer alles Sichtbaren und Unsichtbaren.
Und an den einen Herrn Jesus Christus,
den Sohn Gottes,
der als Einziggeborener aus dem Vater gezeugt ist,
das heißt: aus dem Wesen des Vaters,
Gott aus Gott, Licht aus Licht,
wahrer Gott aus wahrem Gott,
gezeugt, nicht geschaffen,
eines Wesens mit dem Vater;
durch den alles geworden ist, was im Himmel und was auf Erden ist;
der für uns Menschen und wegen unseres Heils herabgestiegen und Fleisch geworden ist,
Mensch geworden ist,
gelitten hat und am dritten Tage auferstanden ist,
aufgestiegen ist zum Himmel,
kommen wird um die Lebenden und die Toten zu richten;
Und an den Heiligen Geist."

Betrachtet man den „Beschluss" des Konzils über die Wesensgleichheit als Glaubensaussage, wäre nichts dagegen zu sagen.

Tatsächlich jedoch „weiß" das Christentum seither wer und wie Gott ist. Konsequenterweise hat sich das Christentum später auch über das Bilderverbot hinweggesetzt: Sie werden kaum eine katholische Kirche finden, in der nicht Gottvater als alter Mann abgebildet ist.

Und genau gegen dieses „Wissen über Gott" rennt der Koran mit Macht und Recht an: *Allahu akbar*, Gott ist (unvergleichlich) groß, er kann und darf niemals festgelegt werden!

Das Dilemma des Christentums ist es, an einen Gott zu glauben, dessen Natur es zu einem gewissen Grad selbst definiert hat und der daher götzenhafte Züge in sich trägt.

Verstehen Sie mich nicht falsch: Ich bin nach wie vor Christ und spreche Jesus seine göttliche Natur nicht ab[69]. Aber gerade weil Jesus göttlicher Natur ist, darf er nicht in eine menschliche Gedankenwelt hineingepresst werden. Wer das tut, raubt ihm seine Göttlichkeit und erschafft ein Götzenbild.

Jesus selbst warnt in Mt 24,23-27 davor:

> „Wenn dann jemand zu euch sagt: Seht, hier ist der Messias!, oder: Da ist er!, so glaubt es nicht! Denn es wird mancher falsche Messias und mancher falsche Prophet auftreten und sie

werden große Zeichen und Wunder tun, um, wenn möglich, auch die Auserwählten irrezuführen. Denkt daran: Ich habe es euch vorausgesagt. Wenn sie also zu euch sagen: Seht, er ist draußen in der Wüste!, so geht nicht hinaus; und wenn sie sagen: Seht, er ist im Haus!, so glaubt es nicht. Denn wie der Blitz bis zum Westen hin leuchtet, wenn er im Osten aufflammt, so wird es bei der Ankunft des Menschensohnes sein."

4.3 Der freie Jesus

Jesus ist der Weg. Auf einem Weg gibt es aber ein Vorne und ein Hinten, ein Vorher und ein Nachher. Diese Tiefe muss das Christentum wieder neu beleben. Es darf sich nicht auf das Bild von dem Sohn Gottes fixieren, denn dieser ist unfassbar[70].

Es kommt nicht darauf an, die Person Jesus von einem bestimmten Standpunkt aus zu betrachten. Sie muss vielmehr in ihrer unglaublichen Tiefe ernst genommen werden. Jesus hat die Kraft, aus jeder beliebigen Entfernung und jedem beliebigen Blickwinkel zu wirken. Wer an Jesus glaubt, der darf ihn nicht auf eine ihm genehme Sicht verkürzen. Man kann seinen Ehepartner auch nicht dauerhaft lieben „weil er...", sondern nur „obwohl er...".

Wenn wir als Christen anerkennen, dass Jesus nicht zwangsläufig Gottes Sohn sein muss, dann leuchtet eine Fülle von Facetten auf, dann kann sich die Begeisterung für den Menschen Jesus frei entfalten.

Jesus ist als Zwölfjähriger abgehauen und hatte zur Begrüßung seiner Eltern erst mal einen kessen Spruch auf den Lippen[71]. Er hatte zu Säufern, Dirnen und Zöllnern mehr Zutrauen als zu Priestern und Ehrenleuten[72]. Und schließlich hat er die damaligen religiösen Autoritäten so sehr herausgefordert, dass sie zu seinen Mördern wurden[73].

Ich selbst bin gelernter Handwerker und mein Gott war in seinem ersten Beruf ein Zimmermann. Er hat genauso auf dem Bau geschuftet wie ich. Ich schleppte die Gussrohre für die Abwasserleitung, er schleppte die Holzbalken für die Dachkonstruktion.

Hat Jesus gar nicht gelebt und ist er lediglich eine Erfindung? Auch in dieser Frage steckt göttliches Potential. Es kommt nur darauf an, ihn trotzdem in den Blick zu nehmen und den Mut und die Kraft aufzubringen, mit ihm um die existenziellen Fragen zu ringen: Wenn er nur eine Erfindung ist, wie richte ich dann mein Leben aus? Gibt es Ideen, die ich anstatt seiner in die Welt tragen will?

Selbst die Tatsache, dass in seinem Namen im Laufe der Jahrhunderte unzählige Menschen gefoltert und getötet wurden, gehört zu ihm. Ich darf Jesus auch hassen, wenn er als Hassobjekt auftritt. Er hält das aus, es ist sogar sein ureigenes Los, gekreuzigt zu werden. Dieser freie Jesus wurde mir im Jesusgebet zum Kaugummi der Seele.

Ein guter Pädagoge wird versuchen, den Lernstoff soweit zu vereinfachen, dass auch seine unbegabtesten Schüler ihn noch irgendwie begreifen können. Genau das tut Gott in Jesus: Er verwirklicht sich in einem Menschen, so dass es gar nicht mehr zwingend notwendig ist, sich mit theologischen oder philosophischen Gedanken auseinanderzusetzen. Es genügt der Blick auf den Menschen Jesus, der dann direkt zu Gott führt.

4.4 Jesus als Weg durch den Tod hindurch

Die stärkste Seite der Figur Jesus und die tiefste Besonderheit des Christentums liegen im Leiden und im Tod Jesu. Er führt uns (als Weg) durch Leid und Tod hindurch zu Gott. Denkt man die Göttlichkeit Jesu mit, dann hat das Christentum sogar einen Gott, der selbst gestorben ist und alle Niederungen des menschlichen Lebens höchstpersönlich durchstiegen hat.

Wer vom Tod eines lieben Menschen getroffen wird, stürzt selbst in tiefe Abgründe. Welch ein Schatz zu wissen, dass gerade dort Jesus und Gott auf uns warten! Gegen Trauer hilft nur Trauerarbeit und Begleitung. Genau dies bietet das Christentum in besonderer Weise: Jesus geht mit mir in den Tod hinein und steht mir dort bei. Auf den Karfreitag folgt eben kein Ostern. Das Christentum ist keine Friede-Freude-Eierkuchen-Religion. Drei Tage lag Jesus im Grab. Der Tod ist nicht überwunden. Er ist in all seiner Leere präsent und muss ausgehalten werden. Die Antwort des Christentums auf Leid und Tod lautet nicht Auferstehung, sondern Annahme und Verständnis, Beistand und Mitgehen. Erst „nach drei Tagen", wenn das Leid seine volle Gewalt entfalten konnte, erst wenn die Leere vollständig ausgebreitet ist, erst dann kann ganz leise und ganz langsam das Wort zum Schwingen kommen, dass auch jedem Tod inne wohnt: „Es ist vollbracht." Erst wenn alle Wut- und Schmerzanfälle abgeklungen sind, dann kann langsam eine Auferstehung geschehen.

Vater, in Stunden, in denen das Leid und der Tod über uns hereinbrechen, erkennen wir, dass Du nicht nur unser guter Vater bist, sondern auch der Herr über Leben und Tod, dessen Wille unerforschlich ist und dem wir uns nur in Demut nahen können.

Solche Stunden sind es, die uns an Dir verzweifeln lassen. Wir sehen keinen Sinn im Leid und oft auch keinen Sinn mehr im Leben, wir können nur sprachlos vor Dir stehen.

Solche Stunden sind es, in denen uns der Blick auf Deinen Sohn erhält. Wie er gefoltert und hingerichtet wird. Im tiefsten Leid dürfen wir ihn selbst kreuzigen und ihm unser Leid aufladen. Sein Kreuz trägt. Durch den Tod hindurch.

Vater, ich bitte Dich, schenke uns in solchen Stunden die Kraft, den Blick auf Deinen Sohn zu richten. In ihm hast Du das Leid der Welt fokussiert. Mehr, als schmerzvoll auf ihn zu blicken, vermögen wir nicht.

Die Hoffnung des Ostermorgens ruht in Deinen Händen.

Leider fixiert sich der Blick des Christentums oft (zu) sehr auf das Kreuz und das Leid. Das Yin-Yang-Zeichen ist da grafisch besser ausgearbeitet, es beinhaltet die dunkle und die helle Seite gleichermaßen. Denkt man das Leben und die Auferstehung Jesu aber immer mit, steht das Kreuz diesem wunderbaren Zeichen nicht nach. Wollte man ein Kreuz „vollständig" zur Geltung bringen, gäbe es eigentlich nur einen Ort, wo man es aufhängen dürfte: frei schwebend vor der gleißenden Sonne.

4.5 Göttliche oder menschliche Nachfolge Jesu

Mit dem Tod Jesu wird im Christentum häufig der Aspekt verbunden, dass das Leben für Andere hinzugeben sei. Dies führt zu einem unglaublichen inneren Erwartungsdruck. Vielen Christen ist es ein inneres Anliegen, immer alles „gut" zu machen, die Welt retten zu wollen, auch und gerade auf Kosten des eigenen Lebens.

Aber was hat Jesus denn wirklich getan? Er kam nicht in die Welt, um sie nach menschlichen Maßstäben zu verändern. Gerade dies war ja der Vorwurf an ihn, dass er Israel eben nicht von den römischen Besatzern befreit und keine großen gesellschaftlichen Veränderungen herbeigeführt hat. Sicherlich hat er einige oder viele Menschen in seinem unmittelbaren Umkreis von Krankheiten geheilt. Aber mitnichten hat er Krankheiten ausgerottet. Er hat nicht weltweit gewirkt, sondern ist in dem kleinen Palästina als unbedeutender Verbrecher hingerichtet worden. Nur das war seine Lebensleistung, mehr nicht.

Jesus hat gerade drei Jahre lang auf die überlieferte Art und Weise gewirkt und sich in dieser Zeit häufig aus dem Staub gemacht, wenn ihm die gesellschaftliche Situation zu heiß wurde[74]. Ganz menschlich! Er war weit davon entfernt, Jahrzehnte oder gar ein ununterbrochenes Leben lang einer Idee nachzueifern oder gesellschaftliche, politische oder soziale Lawinen loszutreten. Jesus hat weder göttlich auf der Erde geherrscht noch die menschlichen Dimensionen der Erde nachhaltig verändert. Dies geschah alles erst viel später, Jahrzehnte und Jahrhunderte nach seinem persönlichen Wirken auf Erden.

Viele Christen glauben heute, schier Göttliches vollbringen zu müssen. Sie sehen sich dem Druck ausgesetzt, Weltverbesserer sein zu müssen. Jesus hingegen scheiterte an der Welt und den gesellschaftlichen Verhältnissen und wurde als Verbrecher am Kreuz hingerichtet.

Jesus spricht tatsächlich „lediglich" die Erwartung an uns aus, ihm in der von ihm vorgelebten Art und Weise nachzufolgen[75]. Ihm persönlich sollen wir nachfolgen, nicht dem nacheifern, was nach seiner Auferstehung geschah. Dies ist ein kleiner, aber sehr wichtiger Unterschied. Wenn Jesus einfach Mensch sein darf und kein Gott sein muss, dann endet seine Lebensleistung im Tod. Alles, was danach kam, ist die Leistung (oder das Geschenk) Gottes und damit außerhalb seines Wirkungsbereiches. In diesem Sinne sollten wir Christen nicht versuchen, die Welt zu ändern. Es genügt, wenn wir darin mit unseren bescheidenen Möglichkeiten wirken. Alles andere ist Gottes Sache.

Jesus schuftete sich nicht beim Weltverbessern zu Tode. Er vollbrachte seine Lebensleistung nicht ob seiner eigenen Kraft, sondern aus der Kraft des Vaters. Jesus rief „nur" zum Menschsein nach seinem Vorbild auf. Daraus erwuchs dann später tatsächlich unglaublich Großes, weil Kraft da war, seine Kraft, die Kraft des Auferstandenen. Was nach seinem Tod geschah, war ein Werk der Kraft, kein Werk der Pflichterfüllung.

Wir können als Menschen nur dem Menschen Jesus nachfolgen. Wenn wir versuchen, dem göttlichen Jesus nachzufolgen, müssen wir scheitern oder selbst gottgleich werden. Ersteres halte ich nicht für erstrebenswert, letzteres für sehr gefährlich und ungesund.

4.6 Der Absolutheitsanspruch Jesu

Jesus selbst stellt aber einen Absolutheitsanspruch, über den keinesfalls hinweggesehen werden darf: In Joh 14,1 stellt er sich praktisch auf eine Stufe mit Gott: *„Glaubt an Gott und glaubt an mich."* Und einige Verse weiter in Joh 14,6[76] behauptet er sogar: *„Niemand kommt zum Vater, außer durch mich."*

Lange habe ich mit diesem Absolutheitsanspruch gerungen. Denn eines muss klar sein: In der von Gott geschaffenen lebendigen Natur gibt es nichts Absolutes, nichts Unvergängliches. Dorothee Sölle hat es in ihrem Buch „Die Hinreise" herausgearbeitet: Der natürliche Tod bedeutet Veränderung und ist damit ein lebendiger Vorgang. Der Tod, von dem die

Bibel spricht, ist Stillstand, Unveränderlichkeit, Absolutheit.

Wie also leben, wenn Jesus sich selbst über alle und alles stellt? Wie insbesondere mit anderen Religionen leben? Ein Ansatzpunkt ist, dieses *„Niemand kommt zum Vater, außer durch mich"* nicht in einem abgrenzenden Sinn zu verstehen, sondern in einem vollständigen Sinn. Also in der Art: „Nichts außer mir wird benötigt, um zum Vater zu gelangen; ich allein genüge". Das ist aber die Verkürzung der Aussage auf einen Teilaspekt und damit kein gangbarer Weg.

Aber solche hintersinnigen Ansätze sind gar nicht notwendig, da Jesus selbst uns sagt, wie er zu verstehen ist, nämlich in Mt 25,31-46[77]. Hier wird der Absolutheitsanspruch ebenfalls explizit erhoben.

Jesus (den ich für diese Betrachtung mit dem *„Menschensohn"* gleichsetze) setzt sich an dieser Stelle als Richter über *„alle Völker"* ein, also auch über Menschen anderer Religionen. Und tatsächlich richtet er in dieser Erzählung vom Weltgericht *„alle Völker"* danach, ob sie ihn (ja, wirklich Jesus höchstpersönlich) bewirtet, bekleidet, beheimatet haben. Er richtet also danach, ob sie an ihn, an seine Person geglaubt und ihn geehrt haben. Schärfer kann er seinen Absolutheitsanspruch kaum formulieren.

Sofort allerdings regt sich vehementer Widerstand. Sowohl die *„Schafe"* als auch die *„Böcke"* reklamieren, Jesus überhaupt nie gesehen zu haben. Sie kennen ihn ja gar nicht und haben mit ihm überhaupt nichts am Hut. Sie glauben an ganz andere Götter und ganz andere Weltgerichte. Und in diese Verwirrung weist Jesus den Weg: *"Was ihr für einen meiner geringsten Brüder getan habt, das habt ihr mir getan. Was ihr für einen dieser Geringsten nicht getan habt, das habt ihr auch mir nicht getan."*

Dem göttlichen Jesus ist die Bedeutung seines Anspruchs also wohl bewusst und er löst ihn explizit auf in eine Menschlichkeit mit den Hungrigen, den Durstigen, den Fremden, den Obdachlosen, den Unbekleideten, den Kranken und den Gefängnisinsassen.

Joh 14,6 lautet dann sinngemäß: „Niemand kommt zum Vater, außer durch Menschsein, durch Menschlichkeit". Dies ist ein Absolutheitsanspruch ohne hierarchische Spitze, dafür mit unendlicher Liebe. Und über diesen Absolutheitsanspruch lohnt es sich dann wohl, mit allen anderen Religionen dieser Welt intensiv zu diskutieren! [78]

5 Religion

Die Religion steht zwischen dem einzelnen Menschen und Gott. Sie sollte das Bindeglied zwischen Mensch und Gott darstellen. Tatsächlich aber neigen Religionen dazu, ihre Gläubigen in einer Art und Weise zu bevormunden, die nach heutigen (westlichen) Maßstäben nicht mehr zeitgemäß ist. Angesichts dessen stellt sich die Frage, ob die Religionen mit Recht auf ihren Traditionen beharren.

Diese Frage wird derzeit fast ausschließlich polarisierend beantwortet. Die Folgen sind ein starker Rückgang der Religiosität und Kirchenaustritte einerseits, das Festhalten an den traditionellen Lehren bis hin zum Fanatismus andererseits.

Der Blick muss aber weg von der Religion und hin zu Gott gewendet werden. Religionen sind lediglich menschengemachte, soziale Strukturen. Es sind Formen, Rituale und Lehren, die für sich genommen leer und nicht erhaltungswürdig sind. Ihren Wert erhalten sie ausschließlich, wenn Gott durch sie erkennbar wird. Dann werden sie heilig und über alles erhaben[79].

Aus der Religion selbst erwächst kein Heil. Wie könnte es auch? Nur aus Gott erwächst das Heil. Es kann nicht darum gehen, einer Religion anzuhängen, es muss darum gehen, Gott zu suchen und zu finden.

5.1 Die Unverbindlichkeit

Wenn Gott nicht positiv beschreibbar ist, sich nicht in einer einzigen Religion manifestiert, nicht in einer Gottesvorstellung greifbar ist, was bleibt dann?

Absolute Werte und Lebensregeln waren schon immer nur theoretische Augenwischerei. Es gibt sie nicht und gab sie nie. Sie gelten und galten immer nur in einem bestimmten Kontext, für bestimmte Menschengruppen. Je absoluter die Lebensregeln, desto schwieriger der Spagat zwischen Anspruch und Wirklichkeit, zwischen Liebe und Gerechtigkeit. Die heuchlerische Variante hat Reinhard Mey in seinem Lied: „Sei wachsam" schön zusammengefasst: *„Nimmt der Minister den Bischof beim Arm: halt Du sie dumm, ich halt sie arm"*. Die lebendige Variante hat Jesus in Joh 8,7 wunderbar ausgedrückt:

> „Wer von euch ohne Sünde ist, werfe als Erster einen Stein auf sie."

* * *

Religionen sind heute nicht mehr verbindlich. Oft wird von einem religiösen oder spirituellen Supermarkt oder von Patchworkreligion geredet. Diese abschätzige Meinung basiert zumeist auf zwei Grundhaltungen:

- Entweder wird sie von Menschen geäußert, die meinen im Besitz einer wie auch immer gearteten Wahrheit zu sein und diese bewahren oder verbreiten wollen. Hier geht es also im

weitesten Sinne um Machterhaltung und Machtausübung.
- Oder sie wird von Menschen geäußert, denen alles suspekt ist und die vieles nicht einordnen können. Hier geht es also im weitesten Sinne um eine Angsterfahrung.

Doch weder der Wunsch nach eigener Macht noch mangelndes Vertrauen in das Leben können zu Gott führen.

* * *

Werner Tiki Küstenmacher benutzt in seinen Vorträgen das schöne Bild einer Bergwanderung. Ich glaube es gibt Milliarden Wege zu Gott. So viele wie es Menschen gibt, gab und geben wird. Die Religionen sind dabei breite und ausgeschilderte Wege zu Gott, an deren Rändern heute Geschäftemacher sitzen, die abkassieren möchten. Es wäre fatal, wenn die Beschilderung durcheinander käme, sprich die Religionen ihre Identität verlieren würden!

Die heutigen Wanderer müssen sich aber nicht mehr an eine bestimmte Route halten. Sie können sich auf anderen Routen umschauen und dort Techniken für ihren Weg erlernen. Ständiges Wechseln jedoch kostet Zeit und Energie und birgt die Gefahr, das Ziel aus den Augen zu verlieren.

Auch können die Wanderer heute die beschilderten Wege komplett verlassen und sich ins Dickicht schlagen. Hier gilt dann lediglich die Warnung: „Kein öffentlicher Weg - Betreten auf eigene Gefahr". Ein Verbot gibt es aber nicht mehr!

Welche Route Sie auch immer wählen, der Gipfel ist jeweils gleich hoch und somit muss auf allen Routen der gleiche Höhenunterschied überwunden werden. Es gibt keine leichte und keine schwere Route. Das größte Hindernis auf dem Weg ist man selbst, unabhängig von der Route.

* * *

Wenn nun aber die Werte relativ, die Religionen privat sind, ist Gott dann auch relativ? Ja, natürlich! Gott ist so vielfältig und facettenreich wie die Welt und vor allem wie die Seelen. Gott ist nach meiner Überzeugung durchaus „relativ" im Sinn von unfassbar vielfältig. Aber keineswegs im Sinn von beliebig. Ganz im Gegenteil!

Im einzelnen Menschen reflektiert die unfassbare Vielfalt Gottes in jedem einzelnen Augenblick und erzeugt einen ganz konkreten und vor allem erkennbaren Widerschein. Die ungezählten Milliarden Menschen vergangener und zukünftiger Zeiten sind wie Kristalle, in denen sich jeweils das Antlitz Gottes spiegelt[80].

Wer den Widerschein Gottes im eigenen Leben wach beobachtet und ihm folgt, der wird schnell sehr viel Konkretes finden. Dies ist aber kein einfacher Weg! Die Zusage Gottes liegt im tiefsten Punkt der Existenz. Der Widerschein Gottes ist erst dann sichtbar, wenn alle eigenen Vorstellungen beiseitegelegt sind[81].

Dies fällt anfänglich schwer und entspricht nicht der Vorstellung eines modernen Menschen. Wer sich aber auf diesen Weg macht und ihn lustvoll und lebendig geht, wird feststellen, dass es ein Weg zum Heil ist.

5.2 Ein Blick in die katholische Welt

Immer wieder wird beklagt, dass die Pfarrgemeinden nur noch zwei, vielleicht drei der gesellschaftlichen Sinus-Milieus[82] erreichen. Das ist aber die Realität und der müssen wir uns stellen. Betrachtet man dies vor dem Bild der bisherigen allgemeinen Volkskirche, bedeutet es deren Untergang.

Aber sind diese zwei, vielleicht drei Milieus wirklich der „Rest", der noch übrig bleibt? Der Rest, das sind Sie und ich, sonst würden Sie dieses Buch vermutlich nicht lesen!

Spannenderweise gibt es im neuen Testament einen Widerhall dieser konservativen, gesitteten, braven Milieus, die die Kirche heute noch erreicht.

Gemeinhin hat man im Kopf, dass Jesus sich den Armen, Kranken und Sündern zuwandte. Die Schar seiner Jünger rekrutierte er aber (zumindest anfänglich) aus braven, biederen Fischern. Aus Menschen, die einer geregelten Arbeit nachgingen und die in klassischen Familienstrukturen beheimatet waren. Also aus eben solchen Menschen aus der Mitte der

Gesellschaft, wie sie heute noch in der katholischen Kirche zu finden sind. In diesem Sinne sind diese zwei, vielleicht drei noch erreichten Milieus nicht der Rest einer glorreichen Vergangenheit, sondern der Anfang, mit dem Evangelium geschehen kann. Das sollten wir nicht vergessen.

* * *

Der Großteil dieses Textes ist in der Zeit des Pontifikats von Papst Benedikt XVI. geschrieben, es ist in weiten Teilen sogar gespeist aus dessen Gedanken. Sein Buch „Jesus" hat mir die Radikalität vor Augen geführt, mit der diese Figur gesehen werden kann. Sein Schlagwort der „Entweltlichung" hat mich auf die Spur geführt, mich von dem weltlichen Anteil der Kirche (Kirchenrecht, Machtanspruch, Zeremonienpflicht) zu lösen. Sein Wirken hat mich nachhaltig beeinflusst und mit seinem mutigen Rücktritt hat er vielleicht sogar ein neues Kapitel der Kirchengeschichte aufgeschlagen.

Als dann das erste große Interview von Papst Franziskus in den jesuitischen Zeitschriften[83] veröffentlicht wurde, war sein Inhalt für mich eine enorme Überraschung, da sich tatsächlich viele Gedanken meines Textes in dem Interview wiederfinden. Papst Franziskus stellt in diesem Interview nicht mehr die Kirche vor den Menschen (vergleiche Kapitel 2.2), sondern entlässt den Menschen vielmehr aus religiöser Bevormundung in eine von Gott geschenkte Freiheit. Er erkennt die Unverfügbarkeit Gottes selbst für die Kirche an (*„Wenn wir sagen ‚Hier ist Gott', dann finden wir nur* *einen Gott nach unserem Maß*"). Er gesteht der Religion einen „*schlecht verstandenen Relativismus*" zu (vergleiche Kapitel 5.1) und spricht von einem „*verschwommenen Pantheismus*", der vielleicht ein Panentheismus sein könnte (vergleiche Kapitel 3.4).

6 Gebet

Ein offenes Gottesbild, dem sogar eine gehörige Portion Relativismus zugestanden wird, führt zunächst in eine Leere, in eine Orientierungslosigkeit, in eine Haltlosigkeit.

Gott ist aber nur solange fremd und unspezifisch, als man nicht mit ihm spricht. Es ist relativ simpel, genau wie zwischen Menschen auch: Wenn Sie einen Menschen kennen lernen und das Gespräch nicht suchen, bleiben Sie sich fremd. Wenn Sie aber das Gespräch suchen, kann es passieren, dass schon nach wenigen Sätzen das Eis gebrochen ist und Interesse oder gar Freundschaft entsteht. Wenn Sie einen Menschen lange kennen und das Gespräch mit ihm einstellen oder nur noch Phrasen austauschen, dann werden Sie sich fremd und leben sich auseinander. Nichts anderes geschieht in einer Gottesbeziehung.

Gotteserfahrung geschieht ausschließlich im tatsächlichen Vollzug, nicht in einer Reflexion. Es geht um ein Leben mit Gott, nicht um ein Nachdenken über Gott.

6.1 Formen des Gebets

Üblicherweise wird unter einem Gebet das Rezitieren eines Textes verstanden. Es ist ein Gebet der Lippen. Wenn die Lippen den Anfang machen, dann kann das Herz folgen.

Häufig wird auch das direkte verbale Gespräch mit Gott als Gebet verstanden. Es ist ein Gebet der frei formulierten Gedanken, das sehr persönlich und intensiv sein kann. Es war für mich jahrzehntelang das einzig gültige Gebet. Es trägt sehr weit.

Gebet hängt aber gar nicht von Worten oder Gedanken ab. Gebet ist viel einfacher. Es ist gar nicht notwendig zu wissen, wie man betet, was man betet oder worum man betet.

In Röm 8,26[84] heißt es in der Übersetzung von Martin Luther:

> „Desgleichen hilft auch der Geist unsrer Schwachheit auf. Denn wir wissen nicht, was wir beten sollen, wie sich's gebührt; sondern der Geist selbst vertritt uns mit unaussprechlichem Seufzen."

Wortloses Seufzen ist tiefes Gebet! Welch eine Tröstung für alle Leidenden und Trauernden. Gebet besteht nicht (nur) im Reflektieren und Verarbeiten, sondern „aufs Beste" (!) im wortlosen, unaussprechlichen Seufzen, wonach sich die Seele doch sowieso so oft sehnt.

* * *

Gebet ist ein Dialog mit Gott. Ein Dialog besteht aber immer aus beidem: reden und zuhören. Erst wenn die eigenen Worte und Gedanken versiegen, dann kann eine Antwort vernommen werden.

Dies ist wichtig zu verstehen. Wie könnten Sie mit einem Menschen reden, der ständig selbst redet und ständig nur seinen eigenen Gedanken nachhängt, ohne seinem Gegenüber eine Chance zu geben, zu Wort zu kommen?

Wirklich tiefes Gebet habe ich im Nullpunkt erfahren: in dem Punkt ohne eigenen Wunsch, ohne menschliches Verlangen. Er ist der Ruhepunkt zur Gegenwart Gottes.

> *Als mein Gebet*
> *immer andächtiger und innerlicher wurde,*
> *da hatte ich immer weniger und weniger zu sagen.*
> *Zuletzt wurde ich ganz still.*
>
> *Ich wurde, was womöglich noch ein größerer Gegensatz zum Reden ist, ich wurde ein Hörer.*
>
> *Ich meinte erst, Beten sei Reden.*
> *Ich lernte aber, dass Beten nicht nur Schweigen ist, sondern Hören.*
>
> *So ist es:*
> *Beten heißt nicht, sich selbst reden hören,*
> *Beten heißt, still werden und still sein und warten,*
> *bis der Betende Gott hört.*
>
> Søren Aabye Kierkegaard (1813-1855)

6.2 Das Jesusgebet

Eine Brücke zwischen einem Gebet der Worte und Gedanken hin zu einem gewollten und aktiven Gebet der Seele ist das Jesusgebet. Es ist noch Wort, aber auch schon Loslösung vom Wort, bloße Haltung des Herzens.

Es handelt sich dabei um das „bloße" Rezitieren des Namens Jesu, eine ganz einfache Art und Weise des Betens. Im Jesusgebet spreche ich nicht mit Gott, sondern bringe mich vor Gott. Der Kopf und die Gedanken werden ganz bewusst ausgeblendet. Starez Theophan[85] beschreibt diese Besonderheit so: *„Es ist wesentlich für den Intellekt, dass er sich zur Zeit des Gebetes so schnell wie möglich ins Herz zurückzieht und dort mit all seinem Denken still und stumm verharrt."* Mit meinen eigenen Worten würde ich sagen: Bete mit Deinen Gefühlen, mit Deinem ganzen Dasein und verzichte voller Überzeugung auf die Worte und Gedanken, die sowieso nicht da sind oder nicht genügen würden.

Im Jesusgebet habe ich die unglaubliche Kraft des Gebets selbst erfahren dürfen. Vorher kannte ich sie nur aus dem Erzählen meiner Mutter und anderer, meist älterer Leute.

Das Jesusgebet wurde mir zum Teddybär in dunklen und traurigen Nächten. Und als es sich von den Gebetszeiten in den Alltag ausdehnte, wurde es mir zum Sektglas, an dem ich mich auf der Party des Lebens festhalten kann. Phasenweise ist zwischen dem Gebet und Gott nicht zu unterscheiden. Es ist die Hand, die ich im freien Fall greifen kann.

* * *

Das Jesusgebet empfehle ich jedem, der in einem christlichen Kontext die Kraft des Gebetes erfahren will. Es ist am besten unter Anleitung in einer Gruppe zu erlernen[86].

6.3 Das Gebet der Stille und des Daseins

Das Jesusgebet ist noch Gebet mit einem Wort, aber schon jenseits der Gedanken. Es gibt aber auch das Gebet jenseits aller Worte und Gedanken. Hiob sagt zu Gott: Bisher habe ich nur von Dir gehört. Darum wollte ich mit Dir diskutieren. Jetzt, da ich Dich erkannt und gesehen habe, widerrufe ich mein Gerede und schweige[87]. In Gott ist keine Diskussion. In Gott ist Ruhe, Stille, Schweigen. In Gott stellt sich die Frage nach dem „warum" nicht. Diese Art Gebet ist die Begegnung mit Gott in der absoluten Stille[88].

Wenn mich alle meine Kräfte verlassen, wenn ich rein gar nichts mehr tun und lassen kann, dann falle ich (automatisch) genau dorthin. Die eine und letzte Wahrheit ist der Tod, in dem wir Gott zwangsläufig begegnen werden, weil nur ER ist, wenn sonst nichts mehr ist.

Die Ausläufer dieses Todes in unser jetziges Leben sind die Stille und die Leere im Inneren des Menschen. Wenn Gott dort verankert wird, ist er die subjektiv letzte Wahrheit. Was soll mir passieren, wenn am Ende immer mein Gott, meine Heimat steht? Begegne ich Gott in der Stille, in der Meditation, dann komme ich „nur" an, wenn es mir den Boden unter den Füßen wegzieht und mir schwarz vor Augen wird. Gott ist dann der tiefste Grund meines Daseins. Nicht philosophisch, sondern ganz praktisch. Wenn ich am Ende meiner Kräfte in meine Mitte, in meine Kraftquelle falle, dann kann ich maximal darin liegenbleiben. Solange ich lebe, wird sie (ER) mich aber immer wieder hinausschicken.

In dieser tiefsten Mitte ist jeder Atemzug ein tiefes Gebet, in dem Gott widerscheint. Es ist das reine Dasein vor Gott, das „sich anblicken lassen" von Gott. Es ist der Punkt, in dem sich das Rätsel der Ewigkeit von einer unendlichen Zeitspanne zum einfachen Wegfall von vorher und nachher auflöst[89].

Je näher wir Gott sind,
umso karger werden unsere Worte.

Wo wir viele Worte machen,
statt anzubeten,
statt zu verehren,
statt voll Ehrfurcht auf die Knie zu sinken,
da sind wir von Gott noch weit.

Je näher wir Gott sind,
umso stiller wird es.
Und beginnt das Schweigen,
dann hört auch das Fragen auf.

Dann sind wir bei Gott.

Dionysius Areopagita, (um 550 n. Chr.)

6.4 Die Heiligkeit

An diesem Punkt klärt sich auch die Frage der Heiligkeit. Vermutlich haben auch Sie ein natürliches Gespür für wahre Heiligkeit. Ich glaube, das hat jeder Mensch. Es ist die natürliche Regung der Seele, wenn sie mit ihrem Schöpfer in Resonanz tritt. Solche wirklich heiligen Momente können ganz klein sein und sogar unbemerkt vom Verstand vonstattengehen. Das Aufblitzen eines Sonnenstrahls, ein Lächeln, ein Ergriffensein bei einer besonderen Geschichte, bei einem Gebet, in einem Gottesdienst.

Wichtig ist aber zu verstehen, dass diese Heiligkeit eben nicht in der Sache oder der Handlung selbst begründet liegt, sondern im Aufblitzen der dahinter liegenden ewigen Heiligkeit. Nur Gott ist heilig, alle Heiligkeit geht nur und ausschließlich von ihm aus, für sich selbst ist nichts heilig.

Was sollte beispielsweise heilig daran sein, wenn sich Wein und Wasser vermischen und Brot gebrochen wird? Wenn Sie je von einer Eucharistiefeier ergriffen waren, dann wissen Sie es. Was sollte heilig daran sein, wenn sich ein Kind an seine Mutter schmiegt? Wenn Sie es je beobachtet haben, dann wissen Sie es. Dann wissen Sie, wie heilig liebende menschliche Berührungen sein können. Im Gedenken an den Zweiten Weltkrieg und an das Massaker von Srebrenica wissen wir, dass selbst der Tod nicht per se heilig ist. Wer aber je ein würdevolles Sterben begleitet hat, der weiß wohl um die Heiligkeit des Todes.

Es kommt also nicht auf die Sache oder den Vorgang an, sondern auf das Erkennen der Heiligkeit darin[90].

6.5 Im tiefsten Punkt

Der Nahbereich Gottes ist dem logischen Denken verschlossen. Es geht hier nur noch um Erfahrungen auf dem Weg. Dieses Kapitel ist die Schilderung meiner ganz persönlichen Erfahrung. Wenn Sie zu dem hier Geschriebenen keinen Zugang haben, dann ignorieren Sie es bitte und springen Sie einfach direkt zu Kapitel 6.7.

Bevor die tiefste Mitte erreicht wird, wenn man anfängt in den Nahbereich Gottes zu geraten, dann ist es äußerlich sehr still, innerlich aber tobt ein Vulkan.

Nun mag es meditative und kontemplative Ausrichtungen geben, die empfehlen, diesen innerlichen Vulkan nicht zu beachten. Dieser Weg mag funktionieren, ich kenne ihn nicht. Mein Weg führte direkt in den Vulkan hinein. Es gab auch gar keine Alternative, denn als ich den Vulkan erstmalig sah, stand ich bereits inmitten seiner Flammen. Der Koran spricht von dem Tag, an dem es keinen Zweifel gibt, von dem Feuer, das alles verbrennt[91].

Wenn es also außen still wird und der Alltag fern ist, dann beginnt die Seele aufzustehen. Das erste, was die Seele tut (zumindest war es bei mir so), wenn man sie aufstehen und frei werden lässt, ist: schreien.

> *Wie kann man diesen Schrei der Seele in Worte fassen?*
>
> *Er ist wie der Schrei eines Neugeborenen. Es ist nicht der erste Schrei des Neugeborenen, der Schrei in dem alles enthalten ist. Es ist nicht der erste Schrei, in dem die Seele erkannt hat, dass sie alleine in der Welt ist und ihre Heimat gleich unerreichbar wie nahe ist. Das war der Urschrei, gleich konstituierend wie nutzlos und das Leben geht trotzdem weiter.*
>
> *Jetzt ist es der Schrei des Neugeborenen, das nichts weiß von der Brust der Mutter. Es ist dabei unwichtig, ob es noch nicht weiß, dass es die Brust der Mutter gibt, oder ob die Seele es schon wieder vergessen hat, weil für sie nur der Augenblick zählt.*
>
> *Es ist der Schrei des Neugeborenen, das nicht weiß, ob es Hunger oder Bauchschmerzen hat, weil eins wie das andere sowieso alles eins ist. Es ist der Schrei des Neugeborenen, das keine Worte versteht, wohl aber Worte hören und Zuwendung spüren kann.*
>
> *Wo soll ich also sein, als bei dem Neugeborenen, bis die Mutter wieder kommt? Wortlos, aber voll Kommunikation. Still, aber wiegend. Gott hinhaltend, wartend.*

Nicht, dass Sie mich falsch verstehen. Das ist natürlich kein einmaliges Geschehen. Der Schrei der Seele geschieht langsam über Jahre hinweg. Er ist mal deutlich zu hören, dann wieder von vielem überlagert. Es ist auch nicht ein Schrei, es sind viele Schreie. Es ist das klare In-den-Blick-nehmen dessen, was ich keinesfalls sehen will.

Es schmerzt, wenn man einem Schrei so aufmerksam lauscht, als wäre er geflüstert. Und innerlich zerreißt es einen, weil es der Schrei der tiefsten Sehnsucht ist. Mir half es, diesen Schrei Stück für Stück in einem Tagebuch zu verarbeiten und zu reflektieren. In diesem Sinne lesen Sie hier nichts anderes als ein Destillat aus über tausend Seiten Tagebuch.

Und wenn der Schrei der Seele wirklich vollständig gehört ist, dann geschieht etwas sehr Seltsames. Dann wandelt er sich in eine Melodie, in meine ureigene Sehnsuchtsmelodie. Und wenn diese Sehnsuchtsmelodie vollständig erklingt, dann versteht man, warum man den Namen Gottes im Judentum nicht ausspricht. Das ist wahrlich kein Gebot der jüdischen Religion, das ist eine einfache Unmöglichkeit der menschlichen Natur.

* * *

Zunächst ist der Mensch ein Nichts, ein Wurm neben der unfassbaren Größe Gottes. Dann gibt es die Phase, in der sich Mensch und Gott auf Augenhöhe begegnen und miteinander kämpfen (Hiob). Und schließlich wird der Mensch immer größer und einsamer, bis er schließlich vollständig von Gott durchdrungen ist. Im ersten dieser drei Bilder gibt es keinen Menschen, weil er gegen Gott so klein ist. Und im dritten Bild gibt es keinen Menschen, weil an seiner statt Gott ist. Die Kunst ist es zu sehen, dass das zweite Bild lediglich ein Trugbild ist und dies mit Freude und Überzeugung immer wieder neu zu leben.

Dieses Leben besteht darin, immer auf den Punkt abzuzielen, in dem sich Gott und Mensch berühren. Dies ist einfach, weil es nur diesen einen Punkt gibt[92]. Im Nahbereich Gottes ist alles, was ist, heilig[93]. Es geht also „nur" darum, um die Göttlichkeit jeden Augenblicks zu wissen, so dass ab und an der tatsächliche Zauber des Augenblicks aufblitzen kann[94].

* * *

Aber auch wenn es einfach ist, so ist es doch nicht leicht[95]:

„Wer mein Jünger sein will, der verleugne sich selbst, …"

Er lasse immer wieder von sich selbst[96] und seinem Willen ab[97]. Er lasse sich stets aufs Neue innerlich zerreißen von der Stille und der Ewigkeit Gottes. Er erkenne sich selbst wahlweise als Nichts oder als Teil Gottes an, nicht aber als sich selbst gehörig.

„…nehme täglich sein Kreuz auf sich…"

Er lasse sich stets auf die augenblickliche Realität ein, wie immer diese aussehen mag[98]. Er umarme, umfasse alles, was ihm begegnet mit Zustimmung und Liebe.

„…und folge mir nach."

Er lasse ab vom Streben nach Wichtigkeit, Macht und Einfluss. Er werde zum Diener[99] und habe stets im

Blick, wonach zum Schluss gerichtet werden wird (siehe Kapitel 4.6): die pure Menschlichkeit[100].

6.6 Das Wissen des Zen

Der Weg zu diesem tiefsten Punkt ist eigentlich einfach: Nehmen Sie zunächst Ihre gesamte Vergangenheit und werfen Sie diese Gott vor die Füße. Er soll sich herausnehmen, was ihm gefällt und Sie nach seinem Willen entlohnen.

Einiges wird er Ihnen dann um die Ohren hauen und Sie müssen mit dem entsprechenden Brummschädel leben. Das tut weh, ist aber nicht tödlich. Wenn Sie damit fertig sind, dann vergessen Sie nie, dass die Vergangenheit nun ein für alle Mal erledigt ist. Die gibt es nun nicht mehr. Weg damit. Stichwort: Beichte, Vergebung!

Als nächstes nehmen Sie Ihre komplette Zukunft und legen Sie diese in Gottes Hand. Soll er sich doch kümmern. Die Zukunft gehört Gott, sonst niemandem. Fertig. Stichwort: Gottvertrauen!

Was bleibt Ihnen jetzt noch, wenn sowohl die Vergangenheit als auch die Zukunft weg sind? Klar, die Gegenwart. Und da handeln Sie jetzt bitte so klar, so vernünftig, wie Ihnen das nur irgendwie möglich ist[101]. Stichwort: Klugheit!

Das Leben ist kein Zuckerschlecken. Da ist durchaus Anstrengung angesagt. Und zwar immer mit festem Blick auf das Heil. Und mit Heil meine ich an dieser Stelle tatsächlich Ihr persönliches Heil, allerdings aus dem ehrlichen, göttlichen Blickwinkel heraus gesehen. Wenn etwas als nicht heilbringend entlarvt ist, dann entfernen Sie es. Heil hat nichts mit Bequemlichkeit und Faulenzen zu tun. Heil hat etwas mit Lebendigkeit, mit Spritzigkeit, mit Einzigartigkeit, mit Kraft zu tun. Heil ist das, was in den Schriften mit der Liebe Gottes umschrieben wird.

Heil ist das Himmelreich auf Erden, aber es hat nichts mit Glücklichsein zu tun. Heil ist das ewige Festmahl, aber es hat nichts mit gesättigt sein zu tun. Heil ist das Leben in Fülle, aber es hat nichts mit „viel" zu tun. Heil ist das eine Jetzt, in dem alles enthalten ist, weil es sich selbst genug ist.

Diese einfache Sichtweise habe ich in dieser Klarheit weder in der christlichen Tradition, noch in den heiligen Schriften gefunden. Es ist das Wissen des Zen, das nach der Tragödie des Zweiten Weltkrieges zu uns nach Deutschland gelangte[102] und nun in unserer Kultur und unserer Religion neue Blüten treibt und neue Früchte bringt.

6.7 *Das absolute Gebet*

In dieser tiefsten Mitte treffen sich nun also der Gott Abrahams und die östlichen Wege. Natürlich, wie kann es anders sein, wenn es nur einen Gott gibt. Hier treffen sich alle Religionen, die zu Gott hinführen, ganz automatisch.

Dieses absolute Gebet der Stille und des Daseins im tiefsten Punkt ist etwas ganz Altes. Ich bin davon überzeugt, dass es in allen Kulturen und allen

Menschen vorhanden ist. Es ist ein Naturgesetz, eine Naturgewalt, weil es Anfang und Ende von Allem ist. Es ist unabhängig von jeder Religion, weil es hinter jeder Religion steht.

Nun ist dieses absolute Gebet zwar an dieser Stelle ansatzweise beschreibbar und es ist auch möglich, einen Hauch von all dem zu ahnen, aber es ist doch nie greifbar. *„Das Reich Gottes ist mitten unter uns"*, wie Jesus sagt[103], aber doch nie erreichbar oder greifbar. Gott weiß um das Flüstern unserer Seele und er ist uns näher als unsere Halsschlagader, wie der Koran sagt[104], aber doch ist er unvergleichlich groß („Allahu akbar").

Es ist wohl erstrebenswert, diesem tiefsten Punkt, diesem inwendigen Reich Gottes[105] nachzuspüren, aber der Mensch soll und muss leben. Daher sei von diesem Gebet im tiefsten Punkt, von diesem Gebet aus dem Tod heraus und in den Tod hinein, schließlich der Bogen wieder gespannt zu den lebendigen Gebeten, die im christlichen Kontext so selten als Gebet wahrgenommen werden.

6.8 Gott im Heil

Oft wird empfohlen, sein Heil in Gott zu suchen. Es lohnt sich aber auch über den Umkehrschluss nachzudenken: Warum nicht Gott im Heil suchen? Dann wird alles, was Heil macht, zum Gebet. Dann sind wir dem Messias, dem „Heilsbringer" sehr nahe. Gerade wenn Menschen am Beginn der Suche nach Gott stehen, halte ich „Gott im Heil suchen" für einen sinnvollen Anfang.

Der Mensch des dritten Jahrtausends hat das Gespür für das Leben nicht verloren, auch wenn Pessimisten das vielleicht anders sehen. Der Mensch kann weiterhin tanzen, feiern, lachen, einfach glücklich sein. Und zwar von ganzem Herzen und mit seiner ganzen Persönlichkeit. Es geht mir hier tatsächlich um das selbstgemachte Glück, um das von Menschen vorbereitete und dann auch vollständig genossene Glück. Ein Urlaub, eine Bergtour, ein gelungenes Fest, ein Sieg bei einem Wettkampf, ein erfüllter sexueller Akt. Wo auch immer Menschen tiefe glückliche Augenblicke erleben.

Viele Menschen empfinden in solchen Augenblicken das Bedürfnis nach einem Stoßgebet. Das ist gut so. Aber bereits der Augenblick an sich ist Gebet. Wenn ich Heil erfahre, dann erfahre ich Gott. Und ich bin gerufen, Gott zu suchen, also das Heil zu suchen.

* * *

Nun mag manch einer Angst haben, dass dies in eine platte Glückssuche mündet. Das glaube ich nicht. Natürlich kann der Mensch viel feiern. Aber irgendwann ist jede Party zu Ende und spätestens dann stellt sich die Frage nach dem Heil erneut. Nach meiner Erfahrung stellt sich diese Frage sogar viel früher und man muss nur feinfühlig einerseits und mutig andererseits sein, um zu bemerken, wann aus dem Heil eine Show wird, oder auch umgekehrt.

6.9 Gott im Körper

Wenn Gott Heil ist, dann kann der Mensch Gott auch einfach und deutlich spüren: Gott ist körperlich spürbar im Heil-werden, im Heilen. Jesus hat körperlich geheilt, er wurde wahrscheinlich sogar in erster Linie als Arzt und Heiler wahrgenommen. Das „Heil machen" ist eine zentrale Botschaft Jesu.

Für mich selbst gab es eine Zeit, in der ich Gott im Sport viel näher war als in der Kirche. Woher kommt denn die Kraft und Vitalität, die dort zu spüren ist, wenn nicht von Gott?

In den östlichen Kulturen gibt es die Vorstellung von im Körper fließenden Energieströmen. Ein zentrales Energiezentrum, das Hara oder Dan Tian, befindet sich in unmittelbarer Nähe des Kreuzbeins, das medizinisch „Sacrum" (heilig / heiliger Gegenstand) heißt. Auch das Swadhisthana Chakra befindet sich dort, das Sakralchakra.

Wenn wir in der Meditation auf einen geraden Rücken achten, dann richten wir das „Kreuz" auf und geben unser Körpergewicht an eben dieses ab. Gott hat dem Menschen den Atem eingeblasen[17], der Atem ist göttlicher Natur und ihn beobachten wir in der Meditation. Die tiefste Mitte des Christentums ist kein Stück Brot, sondern ein Leib, ein Körper.

Nach Paulus ist unser Körper ein Tempel des Heiligen Geistes und in ihm sollen wir Gott verherrlichen[106].

Ein Leben in und mit dem Körper ist Gebet. Heilen ist Gottesdienst, geheilt werden ist Gotteserfahrung – jenseits aller Riten, mitten im Leben.

6.10 Gott im Handeln

Und selbstverständlich ist auch aktives Handeln Gebet. Der Herr wandte das Geschick Hiobs, als dieser Fürbitte für seine Freunde tat[107]. Er erhörte Hiob, als die Freunde nicht mehr nur redeten, sondern ihre Geldbeutel zückten[108].

Mit dem Heil unseres Nächsten sind wir oft überfordert weil uns die Not ferner Länder näher ist als die Not im Raum nebenan, oder weil uns die Not im Raum nebenan näher ist als die Not im gleichen Raum. Wenn ich aber voller Ehrlichkeit nur und ausschließlich Gott und mein eigenes Heil in den Fokus nehme, dann erwächst daraus ganz automatisch eine Nächstenliebe, die aus der Selbst- und Gottesliebe fast von alleine hervorquillt.

Auf die Frage nach dem wichtigsten Gebot antwortete Jesus[109]:

> „Du sollst den Herrn, deinen Gott, lieben mit ganzem Herzen, mit ganzer Seele und mit all deinen Gedanken. Das ist das wichtigste und erste Gebot. Ebenso wichtig ist das zweite: Du sollst deinen Nächsten lieben wie dich selbst. An diesen beiden Geboten hängt das ganze Gesetz samt den Propheten."

Jesus sagt mitnichten, dass der Nächste mehr geliebt werden soll, sondern er soll „nur" so geliebt werden, wie man sich selbst liebt! Dieser Weisung Jesu kann man beispielsweise nachspüren, indem man genau die Zeit, die man anderen "opfert", anschließend auch sich selbst gönnt. Also für drei Stunden aufgewandter Nächstenliebe gibt es anschließend drei Stunden völlig vorbehaltloser Selbstliebe ohne jedes schlechte Gewissen.

Wer sich immer wieder neu mit sich selbst und dem Leben versöhnt, der kann ein Segen für die Welt sein und gleichzeitig Jesus zustimmen:[110] *„Mein Joch drückt nicht und meine Last ist leicht."*

Wenn du vernünftig bist, erweise dich als Schale und nicht als Kanal, der fast gleichzeitig empfängt und weiter gibt, während jene wartet, bis sie erfüllt ist. Auf diese Weise gibt sie das, was bei ihr überfließt, ohne eigenen Schaden weiter...

Lerne auch du, nur aus der Fülle auszugießen und habe nicht den Wunsch freigiebiger zu sein als Gott. Die Schale ahmt die Quelle nach. Erst wenn sie mit Wasser gesättigt ist, strömt sie zum Fluss, wird zur See. Die Schale schämt sich nicht, nicht überströmender zu sein als die Quelle...

Ich möchte nicht reich werden, wenn du dabei leer wirst. Wenn du nämlich mit dir selbst schlecht umgehst, wem bist du dann gut? Wenn du kannst, hilf mir aus deiner Fülle, wenn nicht, schone dich.

Bernhard von Clairvaux (1090-1153)

6.11 Gott erkennen

Für einen Christen ist in Joh 14,1-4 alles gesagt (für einen Nichtchristen sei an dieser Stelle nochmals auf Kapitel 4.6 hingewiesen):

> „Euer Herz lasse sich nicht verwirren. Glaubt an Gott und glaubt an mich! Im Haus meines Vaters gibt es viele Wohnungen. Wenn es nicht so wäre, hätte ich euch dann gesagt: Ich gehe, um einen Platz für euch vorzubereiten? Wenn ich gegangen bin und einen Platz für euch vorbereitet habe, komme ich wieder und werde euch zu mir holen, damit auch ihr dort seid, wo ich bin. Und wohin ich gehe - den Weg dorthin kennt ihr.

Es kommt darauf an, die innere Verwirrung des Herzens zu beenden, die äußeren Verwirrungen können wir ja sowieso nur in geringem Maße beeinflussen. Wie dies geschieht, ist zweitrangig, es gibt viele Wohnungen. Die Wohnungen sind bereits vorbereitet, es ist nicht notwendig sie zu erbauen (was wir auch gar nicht könnten). Und schließlich der Satz, der mich im Innersten erfüllt: **Den Weg dorthin kennt ihr!**

Gott, Leben und Gebet lassen sich nicht trennen, sie müssen eine Einheit bilden und diese können wir spüren und erkennen.

Wenn Gott in seiner Unbegreiflichkeit verbleiben und trotzdem Nähe sein darf, wenn Jesus zum Joker im Spiel werden und sich so zeigen darf, wie es ihm gerade beliebt, wenn jedes Tun und jedes Ruhen Gebet wird, dann bleibt nur das Leben alleine, das Leben in Fülle.

Mensch, vergiss das Leben nicht, lebe!

7 Danksagung

An dieser Stelle danke ich meiner Familie, die mir die Freiheit gegeben hat, diesen Weg gehen zu können!

Für die Begleitung auf diesem Weg danke ich allen Referenten und Mitarbeitern
- des Meditationshauses Domicilium Weyarn (www.domicilium-weyarn.de),
- des Meditationshauses Dietfurt (www.meditationshaus-dietfurt.de),
- der kontemplativen Gebetsschule St. Michael, München (www.kontemplativ-leben.de)
- und des Vereins zur Förderung der Meditation in der Evangelisch-Lutherischen Kirche e.V. (www.meditationsverein.de).

Und schließlich Dank all denen, die an der konkreten Entstehung dieses Textes mitgewirkt und dafür gesorgt haben, dass aus der „Entzauberung des Christentums" (so der Titel des ersten Entwurfs) der „Blick auf den Gott Abrahams" wurde.

8 Anhang

Die zitierten Bibelstellen sind der Einheitsübersetzung[111] entnommen.

Die Koranzitate sind der 2013 im Herder-Verlag erschienenen Übersetzung von Ahmad Milad Karimi (Taschenbuchausgabe[112]) entnommen.

Die Zitate von Kōdō Sawaki[113] sind dem 2005 im Angkor Verlag erschienen Büchlein „Zen ist die größte Lüge aller Zeiten" entnommen.

---

[1] Koran 2,256 in der 2010 im C. H. Beck-Verlag erschienenen Übersetzung von Hartmut Bobzin: „Kein Zwang ist in der Religion. Der rechte Weg ist klar geworden gegenüber dem Irrweg. Wer nicht an die Götzen glaubt, sondern an Gott, der hat den stärksten Halt ergriffen, der nicht reißt. Gott ist hörend, wissend."

[2] Lk 6,48: „Er ist wie ein Mann, der ein Haus baute und dabei die Erde tief aushob und das Fundament auf einen Felsen stellte. Als nun ein Hochwasser kam und die Flutwelle gegen das Haus prallte, konnte sie es nicht erschüttern, weil es gut gebaut war."

3 Augustinus, Confessiones 1,1: „Unruhig ist unser Herz, bis es Ruhe findet in dir, o Gott"

Koran 13,28: „Die, die glauben und deren Herzen im Gedenken Gottes ruht - ' ja, im Gedenken Gottes ruhen die Herzen."

4 Geschichte aus dem Zen: Kaiser Bu von Ryô fragte den Zen-Großmeister Bodhidharma: "Was ist der höchste Sinn der Heiligen Wirklichkeit?" Bodhidharma sagte: "Offene Weite - nichts von heilig." Der Kaiser sagte: "Wer bist du, der du mir gegenüberstehst?" Bodhidharma sagte: "Ich weiß es nicht."

5 Jak 4,12: „Nur einer ist der Gesetzgeber und Richter: er, der die Macht hat, zu retten und zu verderben. Wer aber bist du, dass du über deinen Nächsten richtest?"

6 Gen 3,3-6: „Nur von den Früchten des Baumes, der in der Mitte des Gartens steht, hat Gott gesagt: Davon dürft ihr nicht essen und daran dürft ihr nicht rühren, sonst werdet ihr sterben. Darauf sagte die Schlange zur Frau: Nein, ihr werdet nicht sterben. Gott weiß vielmehr: Sobald ihr davon esst, gehen euch die Augen auf; ihr werdet wie Gott und erkennt Gut und Böse. Da sah die Frau, dass es köstlich wäre, von dem Baum zu essen, dass der Baum eine Augenweide war

und dazu verlockte, klug zu werden. Sie nahm von seinen Früchten und aß; sie gab auch ihrem Mann, der bei ihr war, und auch er aß."

7 Gen 3,23: „Gott, der Herr, schickte ihn aus dem Garten von Eden weg, damit er den Ackerboden bestellte, von dem er genommen war."

8 Hiob 13,3: „Doch ich will zum Allmächtigen reden, mit Gott zu rechten ist mein Wunsch."

9 Ex 3,11: „Mose antwortete Gott: Wer bin ich, dass ich zum Pharao gehen und die Israeliten aus Ägypten herausführen könnte?"

Ex 4,1: „Mose antwortete: Was aber, wenn sie mir nicht glauben und nicht auf mich hören, sondern sagen: Jahwe ist dir nicht erschienen?"

Ex 4,10: „Doch Mose sagte zum Herrn: Aber bitte, Herr, ich bin keiner, der gut reden kann, weder gestern noch vorgestern, noch seitdem du mit deinem Knecht sprichst. Mein Mund und meine Zunge sind nämlich schwerfällig."

Ex 4,13: „Doch Mose antwortete: Aber bitte, Herr, schick doch einen andern!"

10 Jona 1,1-3: „Das Wort des Herrn erging an Jona, den Sohn Amittais: Mach dich auf den Weg und

geh nach Ninive, in die große Stadt, und droh ihr (das Strafgericht) an! Denn die Kunde von ihrer Schlechtigkeit ist bis zu mir heraufgedrungen. Jona machte sich auf den Weg; doch er wollte nach Tarschisch fliehen, weit weg vom Herrn. Er ging also nach Jafo hinab und fand dort ein Schiff, das nach Tarschisch fuhr. Er bezahlte das Fahrgeld und ging an Bord, um nach Tarschisch mitzufahren, weit weg vom Herrn."

[11] Gen 12,2: „Ich werde dich zu einem großen Volk machen, dich segnen und deinen Namen groß machen. Ein Segen sollst du sein."

[12] Joh 10,10: „Ich bin gekommen, damit sie das Leben haben und es in Fülle haben."

[13] Joh 4,9: „Wie kannst du als Jude mich, eine Samariterin, um Wasser bitten? Die Juden verkehren nämlich nicht mit den Samaritern."

Mt 11,19: „Dieser [Jesus] Fresser und Säufer, dieser Freund der Zöllner und Sünder!"

Joh 2,1-12, Das Wunder der Weinvermehrung: „Am dritten Tag fand in Kana in Galiläa eine Hochzeit statt und die Mutter Jesu war dabei. Auch Jesus und seine Jünger waren zur Hochzeit eingeladen. Als der Wein ausging, sagte die Mutter Jesu zu ihm: Sie haben keinen Wein mehr.

Jesus erwiderte ihr: Was willst du von mir, Frau? Meine Stunde ist noch nicht gekommen. Seine Mutter sagte zu den Dienern: Was er euch sagt, das tut! Es standen dort sechs steinerne Wasserkrüge, wie es der Reinigungsvorschrift der Juden entsprach; jeder fasste ungefähr hundert Liter. Jesus sagte zu den Dienern: Füllt die Krüge mit Wasser! Und sie füllten sie bis zum Rand. Er sagte zu ihnen: Schöpft jetzt und bringt es dem, der für das Festmahl verantwortlich ist. Sie brachten es ihm. Er kostete das Wasser, das zu Wein geworden war. Er wusste nicht, woher der Wein kam; die Diener aber, die das Wasser geschöpft hatten, wussten es. Da ließ er den Bräutigam rufen und sagte zu ihm: Jeder setzt zuerst den guten Wein vor und erst, wenn die Gäste zu viel getrunken haben, den weniger guten. Du jedoch hast den guten Wein bis jetzt zurückgehalten. So tat Jesus sein erstes Zeichen, in Kana in Galiläa, und offenbarte seine Herrlichkeit und seine Jünger glaubten an ihn. Danach zog er mit seiner Mutter, seinen Brüdern und seinen Jüngern nach Kafarnaum hinab. Dort blieben sie einige Zeit."

[14] Bistum Fulda, Aktuelles Bischofswort zum Sonntag, 30. August 2009

[15] exemplarisch Mk 2,27: „Der Sabbat ist für den Menschen da, nicht der Mensch für den Sabbat."

[16] Gen 3,11: „Hast du von dem Baum gegessen, von dem zu essen ich dir verboten habe?"

[17] Gen 2,7: „Da formte Gott, der Herr, den Menschen aus Erde vom Ackerboden und blies in seine Nase den Lebensatem."

[18] Der Begriff „positiv" ist hier nicht wertend gemeint, sondern in einem mathematischen bzw. grammatikalischen Sinn. Eine positive Aussage ist z. B.: „Der Baum ist grün." Eine negative Aussage hierzu wäre: „Der Baum ist nicht blau".

[19] Gen 31,19: „Laban war weggegangen, um seine Schafe zu scheren; da stahl Rahel die Götterbilder ihres Vaters"

[20] Mt 7,15-18: „Hütet euch vor den falschen Propheten; sie kommen zu euch wie (harmlose) Schafe, in Wirklichkeit aber sind sie reißende Wölfe. An ihren Früchten werdet ihr sie erkennen. Erntet man etwa von Dornen Trauben oder von Disteln Feigen? Jeder gute Baum bringt gute Früchte hervor, ein schlechter Baum aber schlechte. Ein guter Baum kann keine schlechten Früchte hervorbringen und ein schlechter Baum keine guten."

[21] Karl Rahner, Frömmigkeit heute und morgen, 1966

[22] Ex 33,18-20: „Dann sagte Mose: Lass mich doch deine Herrlichkeit sehen! Der Herr gab zur Antwort: Ich will meine ganze Schönheit vor dir vorüberziehen lassen und den Namen des Herrn vor dir ausrufen. Ich gewähre Gnade, wem ich will, und ich schenke Erbarmen, wem ich will. Weiter sprach er: Du kannst mein Angesicht nicht sehen; denn kein Mensch kann mich sehen und am Leben bleiben."

[23] Ex 3,5-6: „Der Herr sagte: Komm nicht näher heran! Leg deine Schuhe ab; denn der Ort, wo du stehst, ist heiliger Boden. Dann fuhr er fort: Ich bin der Gott deines Vaters, der Gott Abrahams, der Gott Isaaks und der Gott Jakobs. Da verhüllte Mose sein Gesicht; denn er fürchtete sich, Gott anzuschauen."

[24] Gen 12,1-3: „Der Herr sprach zu Abram: Zieh weg aus deinem Land, von deiner Verwandtschaft und aus deinem Vaterhaus in das Land, das ich dir zeigen werde. Ich werde dich zu einem großen Volk machen, dich segnen und deinen Namen groß machen. Ein Segen sollst du sein. Ich will segnen, die dich segnen; wer dich verwünscht, den will ich verfluchen. Durch dich sollen alle Geschlechter der Erde Segen erlangen."

[25] Petrus spricht in Apg 3,13: „Der Gott Abrahams, Isaaks und Jakobs, der Gott unserer Väter, hat seinen Knecht Jesus verherrlicht."

Die „Vatikanische Kommission für die religiösen Beziehungen zum Judentum im Sekretariat für die Einheit der Christen" stellt in ihren „Hinweisen für eine richtige Darstellung von Juden und Judentum in der Predigt und in der Katechese der katholischen Kirche" vom 24.06.1985 fest: „Jesus war Jude und ist es immer geblieben."

Papst Johannes Paul II. sagte in einer Ansprache am 31.10.1997 (L'Osservatore Romano, Wochenausgabe in deutscher Sprache Nr. 48 vom 28.11.1997): „Manche Menschen betrachten die Tatsache, dass Jesus Jude war und dass sein Milieu die jüdische Welt war, als einfachen kulturellen Zufall, der auch durch eine andere religiöse Tradition ersetzt und von der die Person des Herrn losgelöst werden könnte, ohne ihre Identität zu verlieren. Aber diese Leute verkennen nicht nur die Heilsgeschichte, sondern noch radikaler: Sie greifen die Wahrheit der Menschwerdung selbst an und machen eine authentische Auffassung der Inkulturation unmöglich."

[26] Gen 16,11-12: „Weiter sprach der Engel des Herrn zu ihr: Du bist schwanger, du wirst einen Sohn gebären und ihn Ismael (Gott hört) nennen; denn

der Herr hat auf dich gehört in deinem Leid. Er wird ein Mensch sein wie ein Wildesel. Seine Hand gegen alle, die Hände aller gegen ihn! Allen seinen Brüdern setzt er sich vors Gesicht."

[27] Gen 21,9-11: „Eines Tages beobachtete Sara, wie der Sohn, den die Ägypterin Hagar Abraham geboren hatte, umhertollte [andere Übersetzungen: „dass er ein Spötter war", „dass er Mutwillen trieb"]. Da sagte sie zu Abraham: Verstoß diese Magd und ihren Sohn! Denn der Sohn dieser Magd soll nicht zusammen mit meinem Sohn Isaak Erbe sein. Dieses Wort verdross Abraham sehr, denn es ging doch um seinen Sohn."

[28] Gen 25,9-10: „Seine Söhne Isaak und Ismael begruben ihn in der Höhle von Machpela bei Mamre, auf dem Grundstück des Hetiters Efron, des Sohnes Zohars, auf dem Grundstück, das Abraham von den Hetitern gekauft hatte. Dort sind Abraham und seine Frau Sara begraben."

[29] Koran 3,67-68: „Abraham war nicht Jude noch Christ, sondern er ՚ war reinen Glaubens, ein Ergebener ՚ und nicht einer, der neben Gott Anderes stellt. Die Menschen, die stehen am nächsten zu Abraham, ՚ die folgen ihm, ja, dieser Prophet und die Gläubigen. ՚ Und Gott ist der Gläubigen Beistand."

[30] Koran 2,127: „Und als Abraham errichtete die Grundmauern des Hauses ' und Ismael: ' „O unser Herr, nimm es an von uns! ' Siehe, Du bist der unübertrefflich Hörende, der Wissende."

[31] Gen 17,19-20: „Gott entgegnete: Nein, deine Frau Sara wird dir einen Sohn gebären und du sollst ihn Isaak nennen. Ich werde meinen Bund mit ihm schließen als einen ewigen Bund für seine Nachkommen. Auch was Ismael angeht, erhöre ich dich. Ja, ich segne ihn, ich lasse ihn fruchtbar und sehr zahlreich werden. Zwölf Fürsten wird er zeugen und ich mache ihn zu einem großen Volk."

Gen 21,12-13: „Gott sprach aber zu Abraham: Sei wegen des Knaben und deiner Magd nicht verdrossen! Hör auf alles, was dir Sara sagt! Denn nach Isaak sollen deine Nachkommen benannt werden. Aber auch den Sohn der Magd will ich zu einem großen Volk machen, weil auch er dein Nachkomme ist."

[32] Wer diese These des gemeinsamen Gottes der drei Religionen nachprüfen will, dem seien die Bücher „Beten wir alle zum gleichen Gott? Wie Juden, Christen und Muslime glauben" von Dr. Andreas Renz, „Islam ist Barmherzigkeit" von Mouhanad Khorchide und „Jesus im Koran" von Martin Bauschke empfohlen.

[33] Lumen Gentium, Artikel 16: „Der Heilswille umfasst aber auch die, welche den Schöpfer anerkennen, unter ihnen besonders die Muslime, die sich zum Glauben Abrahams bekennen und mit uns den einen Gott anbeten, den barmherzigen, der die Menschen am Jüngsten Tag richten wird."

[34] Koran 29,46: „Und streitet mit den Leuten der Schrift auf die schönste Weise nur, ' außer mit denen, die Übles tun! ' Und sagt: „Wir glauben an das, was zu uns herabgesandt ' und was zu euch herabgesandt. ' Und unser Gott und euer Gott ist der Eine. ' Und Ihm sind wir ergeben." "

[35] Koran 5,46: „Wir ließen ihnen folgen Jesus, den Sohn der Maria, ' um zu bestätigen, was vor ihm war in der Tora. ' Wir gaben ihm das Evangelium, ' darin Rechtleitung ' und Licht, ' um zu bestätigen, was vor ihm war in der Tora, ' als Rechtleitung und Ermahnung für die Gottesfürchtigen."

[36] Koran 3,84: „Sag: ' „Wir glauben an Gott und an das, was auf uns herabgesandt, ' und was herabgesandt auf Abraham ' und Ismael und Isaak ' und Jakob und die Stämme, ' und was gegeben Mose und Jesus ' von ihrem Herrn und den Propheten. ' Wir machen zwischen ihnen keinen Unterschied, ' und Ihm sind wir ergeben." "

[37] Vereinfacht ausgedrückt bedeutet Pantheismus, dass Gott und die Welt identisch sind, während der Panentheismus davon ausgeht, dass die Welt ein Teil von Gott sei und Gott darüber hinaus noch mehr.

[38] Ex 20,1-4: „Dann sprach Gott alle diese Worte: Ich bin Jahwe, dein Gott, der dich aus Ägypten geführt hat, aus dem Sklavenhaus. Du sollst neben mir keine anderen Götter haben. Du sollst dir kein Gottesbild machen und keine Darstellung von irgendetwas am Himmel droben, auf der Erde unten oder im Wasser unter der Erde."

[39] Gen 1,27: „Gott schuf also den Menschen als sein Abbild; als Abbild Gottes schuf er ihn."

[40] Joh 8,32: „Dann werdet ihr die Wahrheit erkennen und die Wahrheit wird euch befreien."

[41] Joh 14,4: „Und wohin ich gehe [zum Vater] den Weg dorthin kennt ihr."

[42] Willigis Jäger, Ewige Weisheit, Kösel-Verlag 2010: „»Eine besondere Überlieferung außerhalb der Schriften, unabhängig von Wort und Schriftzeichen: unmittelbar des Menschen Herz zeigend«, so lautet eine Selbstdefinition des Zen."

[43] Ex 14,26-31: „Darauf sprach der Herr zu Mose: Streck deine Hand über das Meer, damit das Wasser zurückflutet und den Ägypter, seine Wagen und Reiter, zudeckt. Mose streckte seine Hand über das Meer und gegen Morgen flutete das Meer an seinen alten Platz zurück, während die Ägypter auf der Flucht ihm entgegenliefen. So trieb der Herr die Ägypter mitten ins Meer. Das Wasser kehrte zurück und bedeckte Wagen und Reiter, die ganze Streitmacht des Pharao, die den Israeliten ins Meer nachgezogen war. Nicht ein Einziger von ihnen blieb übrig. Die Israeliten aber waren auf trockenem Boden mitten durch das Meer gezogen, während rechts und links von ihnen das Wasser wie eine Mauer stand. So rettete der Herr an jenem Tag Israel aus der Hand der Ägypter. Israel sah die Ägypter tot am Strand liegen. Als Israel sah, dass der Herr mit mächtiger Hand an den Ägyptern gehandelt hatte, fürchtete das Volk den Herrn. Sie glaubten an den Herrn und an Mose, seinen Knecht."

[44] Joh 4,14: „wer aber von dem Wasser trinkt, das ich ihm geben werde, wird niemals mehr Durst haben; vielmehr wird das Wasser, das ich ihm gebe, in ihm zur sprudelnden Quelle werden, deren Wasser ewiges Leben schenkt."

[45] Joh 17,21: „Alle sollen eins sein: Wie du, Vater, in mir bist und ich in dir bin, sollen auch sie in uns

sein, damit die Welt glaubt, dass du mich gesandt hast."

46 Spruch von Kōdō Sawaki: „Praxis bedeutet: den Ort, an dem du jetzt stehst, zum Paradies zu machen, das Himmelreich unter deinen Füßen zu entdecken."

47 Lk 10,25-37, Das Beispiel vom barmherzigen Samariter: „Da stand ein Gesetzeslehrer auf, und um Jesus auf die Probe zu stellen, fragte er ihn: Meister, was muss ich tun, um das ewige Leben zu gewinnen? Jesus sagte zu ihm: Was steht im Gesetz? Was liest du dort? Er antwortete: Du sollst den Herrn, deinen Gott, lieben mit ganzem Herzen und ganzer Seele, mit all deiner Kraft und all deinen Gedanken, und: Deinen Nächsten sollst du lieben wie dich selbst. Jesus sagte zu ihm: Du hast richtig geantwortet. Handle danach und du wirst leben. Der Gesetzeslehrer wollte seine Frage rechtfertigen und sagte zu Jesus: Und wer ist mein Nächster? Darauf antwortete ihm Jesus: Ein Mann ging von Jerusalem nach Jericho hinab und wurde von Räubern überfallen. Sie plünderten ihn aus und schlugen ihn nieder; dann gingen sie weg und ließen ihn halb tot liegen. Zufällig kam ein Priester denselben Weg herab; er sah ihn und ging weiter. Auch ein Levit kam zu der Stelle; er sah ihn und ging weiter. Dann kam ein Mann aus Samarien, der auf der Reise war. Als er ihn sah,

hatte er Mitleid, ging zu ihm hin, goss Öl und Wein auf seine Wunden und verband sie. Dann hob er ihn auf sein Reittier, brachte ihn zu einer Herberge und sorgte für ihn. Am andern Morgen holte er zwei Denare hervor, gab sie dem Wirt und sagte: Sorge für ihn, und wenn du mehr für ihn brauchst, werde ich es dir bezahlen, wenn ich wiederkomme. Was meinst du: Wer von diesen dreien hat sich als der Nächste dessen erwiesen, der von den Räubern überfallen wurde? Der Gesetzeslehrer antwortete: Der, der barmherzig an ihm gehandelt hat. Da sagte Jesus zu ihm: Dann geh und handle genauso!"

[48] Mt 8,5-13, Der römische Hauptmann von Kafarnaum: „Als er [Jesus] nach Kafarnaum kam, trat ein Hauptmann an ihn heran und bat ihn: Herr, mein Diener liegt gelähmt zu Hause und hat große Schmerzen. Jesus sagte zu ihm: Ich will kommen und ihn gesund machen. Da antwortete der Hauptmann: Herr, ich bin es nicht wert, dass du mein Haus betrittst; sprich nur ein Wort, dann wird mein Diener gesund. Auch ich muss Befehlen gehorchen und ich habe selber Soldaten unter mir; sage ich nun zu einem: Geh!, so geht er, und zu einem andern: Komm!, so kommt er, und zu meinem Diener: Tu das!, so tut er es. Jesus war erstaunt, als er das hörte, und sagte zu denen, die ihm nachfolgten: Amen, das sage ich euch: Einen solchen Glauben habe ich in Israel noch bei

niemand gefunden. Ich sage euch: Viele werden von Osten und Westen kommen und mit Abraham, Isaak und Jakob im Himmelreich zu Tisch sitzen; die aber, für die das Reich bestimmt war, werden hinausgeworfen in die äußerste Finsternis; dort werden sie heulen und mit den Zähnen knirschen. Und zum Hauptmann sagte Jesus: Geh! Es soll geschehen, wie du geglaubt hast. Und in derselben Stunde wurde der Diener gesund."

[49] Lk 20,25: „Gebt dem Kaiser, was dem Kaiser gehört."

[50] Ex 1,27: „Der Herr verhärtete das Herz des Pharao, sodass er sie [die Israeliten] nicht ziehen lassen wollte."

[51] Pater Alfred Friedrich Delp SJ († 2. Februar 1945): „Lasst uns dem Leben trauen, weil Gott es mit uns lebt."

[52] „Freiheit ist nur ein anderes Wort dafür, nichts mehr zu verlieren zu haben."

[53] Lk 24,49: „Und ich werde die Gabe, die mein Vater verheißen hat, zu euch herabsenden. Bleibt in der Stadt, bis ihr mit der Kraft aus der Höhe erfüllt werdet."

[54] Mk 14,36: „Abba, Vater, alles ist dir möglich. Nimm diesen Kelch von mir! Aber nicht, was ich will, sondern was du willst (soll geschehen)."

[55] Gen 18,23-33: „Er [Abraham] trat näher und sagte [zu Gott]: Willst du auch den Gerechten mit den Ruchlosen wegraffen? Vielleicht gibt es fünfzig Gerechte in der Stadt [Sodom]: Willst du auch sie wegraffen und nicht doch dem Ort vergeben wegen der fünfzig Gerechten dort? Das kannst du doch nicht tun, die Gerechten zusammen mit den Ruchlosen umbringen. Dann ginge es ja dem Gerechten genauso wie dem Ruchlosen. Das kannst du doch nicht tun. Sollte sich der Richter über die ganze Erde nicht an das Recht halten? Da sprach der Herr: Wenn ich in Sodom, in der Stadt, fünfzig Gerechte finde, werde ich ihretwegen dem ganzen Ort vergeben. Abraham antwortete und sprach: Ich habe es nun einmal unternommen, mit meinem Herrn zu reden, obwohl ich Staub und Asche bin. Vielleicht fehlen an den fünfzig Gerechten fünf. Wirst du wegen der fünf die ganze Stadt vernichten? Nein, sagte er, ich werde sie nicht vernichten, wenn ich dort fünfundvierzig finde. Er fuhr fort, zu ihm zu reden: Vielleicht finden sich dort nur vierzig. Da sprach er: Ich werde es der vierzig wegen nicht tun. Und weiter sagte er: Mein Herr zürne nicht, wenn ich weiterrede. Vielleicht finden sich dort nur dreißig. Er entgegnete: Ich werde es nicht tun, wenn ich

dort dreißig finde. Darauf sagte er: Ich habe es nun einmal unternommen, mit meinem Herrn zu reden. Vielleicht finden sich dort nur zwanzig. Er antwortete: Ich werde sie um der zwanzig willen nicht vernichten. Und nochmals sagte er: Mein Herr zürne nicht, wenn ich nur noch einmal das Wort ergreife. Vielleicht finden sich dort nur zehn. Und wiederum sprach er: Ich werde sie um der zehn willen nicht vernichten. Nachdem der Herr das Gespräch mit Abraham beendet hatte, ging er weg und Abraham kehrte heim."

[56] Gen 19,19-22: „Dein Knecht hat doch dein Wohlwollen gefunden. Du hast mir große Gunst erwiesen und mich am Leben gelassen. Ich kann aber nicht ins Gebirge fliehen, sonst lässt mich das Unglück nicht mehr los und ich muss sterben. Da, die Stadt in der Nähe, dorthin könnte man fliehen. Sie ist doch klein; dorthin will ich mich retten. Ist sie nicht klein? So könnte ich am Leben bleiben. Er [Gott] antwortete ihm [Loth]: Gut, auch das will ich dir gewähren und die Stadt, von der du sprichst, nicht zerstören. Schnell flieh dorthin; denn ich kann nichts unternehmen, bevor du dort angekommen bist. Deshalb nannte er die Stadt Zoar (Kleine)."

[57] Jona 4,1-11: "Das missfiel Jona ganz und gar und er wurde zornig. Er betete zum Herrn und sagte: Ach Herr, habe ich das nicht schon gesagt, als ich

noch daheim war? Eben darum wollte ich ja nach Tarschisch fliehen; denn ich wusste, dass du ein gnädiger und barmherziger Gott bist, langmütig und reich an Huld und dass deine Drohungen dich reuen. Darum nimm mir jetzt lieber das Leben, Herr! Denn es ist für mich besser zu sterben als zu leben. Da erwiderte der Herr: Ist es recht von dir, zornig zu sein? Da verließ Jona die Stadt und setzte sich östlich vor der Stadt nieder. Er machte sich dort ein Laubdach und setzte sich in seinen Schatten, um abzuwarten, was mit der Stadt geschah. Da ließ Gott, der Herr, einen Rizinusstrauch über Jona emporwachsen, der seinem Kopf Schatten geben und seinen Ärger vertreiben sollte. Jona freute sich sehr über den Rizinusstrauch. Als aber am nächsten Tag die Morgenröte heraufzog, schickte Gott einen Wurm, der den Rizinusstrauch annagte, sodass er verdorrte. Und als die Sonne aufging, schickte Gott einen heißen Ostwind. Die Sonne stach Jona auf den Kopf, sodass er fast ohnmächtig wurde. Da wünschte er sich den Tod und sagte: Es ist besser für mich zu sterben als zu leben. Gott aber fragte Jona: Ist es recht von dir, wegen des Rizinusstrauches zornig zu sein? Er antwortete: Ja, es ist recht, dass ich zornig bin und mir den Tod wünsche. Darauf sagte der Herr: Dir ist es leid um den Rizinusstrauch, für den du nicht gearbeitet und den du nicht großgezogen hast. Über Nacht war er da, über Nacht ist er eingegangen. Mir aber sollte es nicht leid sein um Ninive, die große Stadt, in der mehr als hundertzwanzigtausend Menschen leben, die nicht einmal rechts und links unterscheiden können - und außerdem so viel Vieh?"

[58] Lev 4,2: „Wenn einer ohne Vorsatz gegen eines der Gebote des Herrn sündigt und etwas Verbotenes tut..."

Lev 4,13: „Wenn die ganze Gemeinde Israels ohne Vorsatz gesündigt und etwas vom Herrn Verbotenes getan hat, ohne es bemerkt zu haben..."

Lev 4,22: „Angenommen, ein Sippenhaupt sündigt, tut ohne Vorsatz etwas, was der Herr, sein Gott, verboten hat..."

Lev 4,27: „Wenn jemand aus dem Volk ohne Vorsatz sündigt und schuldig wird..."

[59] Kol 3,2-3: „Richtet euren Sinn auf das Himmlische und nicht auf das Irdische! Denn ihr seid gestorben und euer Leben ist mit Christus verborgen in Gott."

Meister Eckhart: „Und du sollst wissen: Leer sein aller Kreaturen ist Gottes voll sein, und voll sein aller Kreatur ist Gottes leer sein.

[60] Koran 3,45: „Damals sagten die Engel: ʻ „O Maria, ʻ siehe, Gott verkündet dir von Sich ein Wort. ʻ Sein Name ist der Messias, Jesus, der Sohn der Maria, ʻ im Diesseits und im Jenseits geehrt ʻ und einer der Nahen."

[61] Koran 4,158: „Erhoben hat ihn Gott zu sich. ʻ Und Gott ist der unübertrefflich Erhabene, ʻ der Weise."

[62] Koran 4,171: „O ihr Leute der Schrift, ʻ nicht übertreibt in eurer Religion ʻ und sagt nichts von Gott als die Wahrheit! ʻ Wahrlich, der Messias, Jesus, Sohn der Maria, ʻ ist der Gesandte Gottes und Sein Wort, ʻ das Er hat Maria entboten, und Geist von Ihm. ʻ So glaubt an Gott und Seine Gesandten! ʻ Und sagt nicht: „Drei!" ʻ Hört auf, das ist besser für euch! ʻ Wahrlich, Gott ist Gott, ʻ der Eine. Preis Ihm! Dass Ihm sei ein Kind! ʻ Sein ist, ʻ was in den Himmeln und was auf der Erde. ʻ Und Gott genügt als Sachwalter."

[63] Joh 8,58: „Jesus erwiderte ihnen: Amen, amen, ich sage euch: Noch ehe Abraham wurde, bin ich."

[64] Koran 4,157-158: „Und weil sie sagten: ʻ „Wir haben getötet den Messias, Jesus, ʻ den Sohn der Maria, den Gesandten Gottes." ʻ Sie haben ihn nicht getötet, nicht gekreuzigt, ʻ sondern er ähnelte ihm für sie nur. Die ʻ sind uneins über ihn,

haben seinetwegen Bedenken. ' Sie haben kein Wissen über ihn, sondern folgen ' einer Vermutung nur. Sie haben ihn nicht ' getötet, sicher. Erhoben hat ihn Gott zu sich. ' Und Gott ist der unübertrefflich Erhabene, ' der Weise."

⁶⁵ Koran 3,64-66: „Sag: ' „O ihr Leute der Schrift, ' kommt zu einem gemeinsamen Wort zwischen uns und euch: ' Wir dienen nämlich Gott allein ' und stellen nichts neben Ihn ' und nehmen nicht einander zu Herren, nur Gott." ' Wenden sie sich ab, so sagt: ' „Bezeugt, dass wir sind ergeben." O ihr Leute der Schrift, ' warum streitet ihr über Abraham, ' wo doch erst nach ihm wurden herabgesandt ' die Tora und das Evangelium? ' Habt ihr keinen Verstand? Siehe, ihr habt gestritten über etwas, ' wovon ihr habt Wissen. ' Warum aber streitet ihr über das, wovon ihr habt kein Wissen? ' Gott weiß, doch nicht ihr wisst."

⁶⁶ Koran: 5,44-48: „Siehe, Wir haben herabgesandt die Tora, ' darin Rechtleitung und Licht. ' Damit haben die Propheten, die ergebenen, ' für die Juden gerichtet, ' so auch die Rabbiner und die Gelehrten, ' nach dem, was ihnen von der Schrift Gottes anvertraut, ' und sie waren davon Zeugen. ' So fürchtet nicht die Menschen, sondern fürchtet Mich! ' Und verkauft nicht Meine Zeichen zu einem geringen Preis. ' Und wer nicht nach dem richtet, ' was Gott herabgesandt, ' das sind die

Leugner. Wir haben ihnen darin vorgeschrieben: ‘ Leben um Leben, Auge um Auge, ‘ Nase um Nase, Ohr um Ohr ‘ und ‘ Zahn um Zahn ‘ und bei Verwundungen Wiedervergeltung! ‘ Wer es erlässt als Almosen: ‘ für ihn ist es eine Sühne. ‘ Und wer nicht nach dem richtet, ‘ was Gott herabgesandt: ‘ das sind die, die tun Übles. Wir ließen ihnen folgen Jesus, den Sohn der Maria, ‘ um zu bestätigen, was vor ihm war in der Tora. ‘ Wir gaben ihm das Evangelium, ‘ darin Rechtleitung ‘ und Licht, ‘ um zu bestätigen, was vor ihm war in der Tora, ‘ als Rechtleitung und Ermahnung für die Gottesfürchtigen. Und die Leute des Evangeliums sollen nach dem richten, ‘ was Gott darin herabgesandt. ‘ Und die nicht nach dem richten, ‘ was Gott herabgesandt, ‘ das sind die Frevler. Und Wir haben dir herabgesandt die Schrift mit der Wahrheit, ‘ um zu bestätigen, was vor ihr war von der Schrift, ‘ und darüber Gewissheit zu geben. ‘ Richte zwischen ihnen nach dem, was Gott herabgesandt, ‘ und folge nicht ihren Neigungen, um nicht von dem abzuweichen, ‘ was zu dir gekommen von der Wahrheit! ‘ Für jeden von euch haben Wir Richtung und Weg bestimmt. ‘ Und hätte Gott gewollt, hätte Er euch gemacht zu einer Gemeinschaft, einer einzigen. ‘ Aber Er wollte euch in dem prüfen, was Er euch gegeben. ‘ So wetteifert um die guten Dinge! ‘ Zu Gott werdet ihr zurückkehren, allesamt,ʻ und dann wird Er euch offenlegen,ʻ worüber ihr uneins wart."

[67] An dieser Stelle werden vielleicht die Schwestern vermisst: ich zähle mich zu einer Generation, der die Gleichbehandlung von Mann und Frau bereits so selbstverständlich geworden ist, dass ich darauf verzichte, dies sprachlich hervorzuheben. Selbstverständlich sind mit „Brüder im Glauben" auch Frauen gemeint. Und ich plädiere dringend dafür, auch die heiligen Schriften so zu lesen: sofern Männer und Frauen nicht explizit getrennt angesprochen werden, sind beide gemeint. Auch wenn die Texte männlich formuliert sind.

[68] Die Daten, Fakten und Zitate in diesem Kapitel sind überwiegend dem Eintrag „Erstes Konzil von Nicäa" in Wikipedia, Stand März 2014 entnommen.

[69] Phil 2,5-7: „Seid untereinander so gesinnt, wie es dem Leben in Christus Jesus entspricht: Er war Gott gleich, hielt aber nicht daran fest, wie Gott zu sein, sondern er entäußerte sich und wurde wie ein Sklave und den Menschen gleich. Sein Leben war das eines Menschen;"

[70] Lk 24,30-31: „Und als er mit ihnen bei Tisch war, nahm er das Brot, sprach den Lobpreis, brach das Brot und gab es ihnen. Da gingen ihnen die

Augen auf und sie erkannten ihn; dann sahen sie ihn nicht mehr."

[71] Lk 2,49: „Warum habt ihr mich gesucht? Wusstet ihr nicht, dass ich in dem sein muss, was meinem Vater gehört?"

[72] Mt 21,31: „Da sagte Jesus zu ihnen [den Hohenpriestern und Ältesten des Volkes]: Amen, das sage ich euch: Zöllner und Dirnen gelangen eher in das Reich Gottes als ihr."

[73] Mk 14,1: „Die Hohenpriester und die Schriftgelehrten suchten nach einer Möglichkeit, Jesus mit List in ihre Gewalt zu bringen, um ihn zu töten."

[74] Mt 4,12: „Als Jesus hörte, dass man Johannes ins Gefängnis geworfen hatte, zog er sich nach Galiläa zurück."

Joh 6,15: „Da erkannte Jesus, dass sie kommen würden, um ihn in ihre Gewalt zu bringen und zum König zu machen. Daher zog er sich wieder auf den Berg zurück, er allein."

Joh 7,1: „Danach zog Jesus in Galiläa umher; denn er wollte sich nicht in Judäa aufhalten, weil die Juden darauf aus waren, ihn zu töten."

Joh 11,53-54: siehe umseitig

Joh 11,53-54: „Von diesem Tag an waren sie [die Mitglieder des Hohen Rates] entschlossen, ihn zu töten. Jesus bewegte sich von nun an nicht mehr öffentlich unter den Juden, sondern zog sich von dort in die Gegend nahe der Wüste zurück, an einen Ort namens Efraim."

[75] Lk 9,23: „Wer mein Jünger sein will, der verleugne sich selbst, nehme täglich sein Kreuz auf sich und folge mir nach."

[76] Joh 14,6: „Ich bin der Weg und die Wahrheit und das Leben; niemand kommt zum Vater außer durch mich."

[77] Mt 25,31-46: „Wenn der Menschensohn in seiner Herrlichkeit kommt und alle Engel mit ihm, dann wird er sich auf den Thron seiner Herrlichkeit setzen. Und alle Völker werden vor ihm zusammengerufen werden und er wird sie voneinander scheiden, wie der Hirt die Schafe von den Böcken scheidet. Er wird die Schafe zu seiner Rechten versammeln, die Böcke aber zur Linken. Dann wird der König denen auf der rechten Seite sagen: Kommt her, die ihr von meinem Vater gesegnet seid, nehmt das Reich in Besitz, das seit der Erschaffung der Welt für euch bestimmt ist. Denn ich war hungrig und ihr habt mir zu essen gegeben; ich war durstig und ihr habt mir zu trinken gegeben; ich war fremd und obdachlos

und ihr habt mich aufgenommen; ich war nackt und ihr habt mir Kleidung gegeben; ich war krank und ihr habt mich besucht; ich war im Gefängnis und ihr seid zu mir gekommen. Dann werden ihm die Gerechten antworten: Herr, wann haben wir dich hungrig gesehen und dir zu essen gegeben, oder durstig und dir zu trinken gegeben? Und wann haben wir dich fremd und obdachlos gesehen und aufgenommen, oder nackt und dir Kleidung gegeben? Und wann haben wir dich krank oder im Gefängnis gesehen und sind zu dir gekommen? Darauf wird der König ihnen antworten: Amen, ich sage euch: Was ihr für einen meiner geringsten Brüder getan habt, das habt ihr mir getan. Dann wird er sich auch an die auf der linken Seite wenden und zu ihnen sagen: Weg von mir, ihr Verfluchten, in das ewige Feuer, das für den Teufel und seine Engel bestimmt ist! Denn ich war hungrig und ihr habt mir nichts zu essen gegeben; ich war durstig und ihr habt mir nichts zu trinken gegeben; ich war fremd und obdachlos und ihr habt mich nicht aufgenommen; ich war nackt und ihr habt mir keine Kleidung gegeben; ich war krank und im Gefängnis und ihr habt mich nicht besucht. Dann werden auch sie antworten: Herr, wann haben wir dich hungrig oder durstig oder obdachlos oder nackt oder krank oder im Gefängnis gesehen und haben dir nicht geholfen? Darauf wird er ihnen antworten: Amen, ich sage euch: Was ihr für einen dieser

Geringsten nicht getan habt, das habt ihr auch mir nicht getan. Und sie werden weggehen und die ewige Strafe erhalten, die Gerechten aber das ewige Leben."

[78] Koran 5,32: „Deshalb haben Wir den Kindern Israels vorgeschrieben: ' Wenn einer tötet jemanden, nicht für einen anderen ' oder für Unheil auf der Erde: ' es soll sein, als hätte er getötet die Menschen, allesamt. ' Und wenn einer erhält jemanden am Leben: ' es soll sein, als hätte er erhalten die Menschen am Leben, allesamt. ' Und Unsere Gesandten kamen zu ihnen mit klaren Beweisen, ' aber selbst danach wurden viele von ihnen auf der Erde maßlos."

[79] Lev 11,44: „Denn ich bin der Herr, euer Gott. Erweist euch als heilig, und seid heilig, weil ich heilig bin. Verunreinigt euch daher nicht selbst durch alle diese Kleintiere, die auf dem Boden kriechen."

[80] Spruch aus dem Zen: Mein Leben ist wie der Widerschein des Mondes in einem Tautropfen am Schnabel einer durch die Nacht fliegenden Ente.

[81] Mk 10,25: „Eher geht ein Kamel durch ein Nadelöhr, als dass ein Reicher in das Reich Gottes gelangt."

[82] MDG Milieuhandbuch: "Religiöse und kirchliche Orientierungen in den Sinus-Milieus 2005"

[83] Stimmen der Zeit, Antonio Spadaro SJ, Das Interview mit Papst Franziskus, 25. September 2013, als Buch erschienen im Herder Verlag

[84] Röm 8,26: „So nimmt sich auch der Geist unserer Schwachheit an. Denn wir wissen nicht, worum wir in rechter Weise beten sollen; der Geist selber tritt jedoch für uns ein mit Seufzen, das wir nicht in Worte fassen können."

[85] Schule des Herzensgebetes: Die Weisheit des Starez Theophan, Otto Müller Verlag, 1985

[86] Eine gut gepflegte Liste von Gebetsgruppen findet sich unter www.kontemplation-in-aktion.de.

Ein Buch zum Erlernen des Herzensgebetes ist „Praxis des Herzensgebets: Einen alten Meditationsweg neu entdecken" von Andreas Ebert und Peter Musto, Claudius Verlag, 2013.

[87] Hiob 42,1-6: „Da antwortete Ijob dem Herrn und sprach: Ich hab erkannt, dass du alles vermagst; kein Vorhaben ist dir verwehrt. Wer ist es, der ohne Einsicht den Rat verdunkelt? So habe ich denn im Unverstand geredet über Dinge, die zu wunderbar für mich und unbegreiflich sind. Hör

doch, ich will nun reden, ich will dich fragen, du belehre mich! Vom Hörensagen nur hatte ich von dir vernommen; jetzt aber hat mein Auge dich geschaut. Darum widerrufe ich und atme auf, in Staub und Asche."

[88] „Sieh, dies ist die Stille: Den Herrn in uns ein Wort sprechen lassen, das er selbst ist."

Texttafel aus dem Film „Die große Stille" von Philip Gröning, der die Einsamkeit und die Stille des Kartäuserklosters La Grande Chartreuse dokumentiert.

[89] Sir 39,20: „Von Ewigkeit zu Ewigkeit blickt er hernieder. / Gibt es eine Grenze für seine Hilfe? Nichts ist klein und gering bei ihm, / nichts ist für ihn zu unbegreiflich und zu schwer."

[90] Martin Buber: „Gott sagt nicht: "Das ist ein Weg zu mir, das aber nicht", sondern er sagt: "Alles, was du tust, kann ein Weg zu mir sein, wenn du es nur so tust, dass es dich zu mir führt"."

[91] Koran 3,1-32: „Im Namen Gottes, des Barmherzigen, des Erbarmers. Alif Lām Mīm. Gott, kein Gott außer Ihm, ' dem Lebendigen, dem Beständigen! Er hat herabgesandt auf dich die Schrift ' mit der Wahrheit und als Bekräftigung dessen, ' was vor ihr da war. ' Er hat herabgesandt

die Tora und das Evangelium, zuvor als Rechtleitung für die Menschen. ' Und Er hat herabgesandt die Unterscheidung. ' Diejenigen, die leugnen die Zeichen Gottes, ' erwartet eine Strafe, eine schwere. ' Gott ist der unübertrefflich Erhabene, ' der Herr der Rache. Nichts ist verborgen vor Gott, ' nicht auf der Erde und nicht im Himmel. Er ist es, ' der euch formt im Schoße der Mutter, wie Er will. ' Kein Gott außer Ihm. ' Er ist es, ' der unübertrefflich Erhabene, ' der Weise. Er ist es, ' der herabgesandt auf dich die Schrift, ' in ihr sind eindeutig klare Zeichen ' - sie sind die Mutter der Schrift - ' und andere, mehrdeutige. ' Diejenigen, die abweichen in ihrem Herzen, ' folgen dem, was in ihr mehrdeutig, im Streben ' nach Zwietracht und nach Deutung. ' Doch ihre Deutung weiß keiner als Gott und diejenigen, ' die im Wissen tief gegründet, sagen: ' „Wir glauben daran. Alles hat seinen ' Ursprung bei unserem Herrn. ' - Nur die lassen sich ermahnen, ' die bei Verstand sind. Unser Herr, ' lass nicht abweichen unser Herz, ' da Du uns rechtgeleitet! ' Schenke uns von Dir Barmherzigkeit. ' Denn Du bist wahrlich der unübertrefflich Schenkende. Unser Herr, ' Du versammelst die Menschen an einem Tag, ' an dem ist kein Zweifel." ' Wahrlich, nicht bricht Gott Sein Versprechen. Denjenigen, die leugnen, ' werden nicht ihr Vermögen vor Gott nützen ' und nicht ihre Kinder. ' Sie sind des Feuers Brennstoff. Wie die Leute des Pharao und die vor ihnen. ' Sie leugneten Unsere Zeichen. ' Da ergriff sie Gott in ihrem Vergehen. ' Und Gott ist hart in der Strafe! Sag zu denen, die leugnen: ' „Ihr werdet besiegt und versammelt in der Hölle. ' Welch schlechte Lagerstätte! Ihr hattet ein Zeichen an zwei Scharen, ' die aufeinandertrafen: Die eine Schar ' kämpfte auf dem Wege Gottes, ' die andere leugnete. ' Sie sahen jene für zweimal soviel an - nach dem Augenschein. ' Denn Gott bestärkt mit Seiner Hilfe, wen Er will. ' Darin ist gewiss Lehre für die Einsichtigen. Anreiz ist den Menschen die Liebe zu Begehrlichkeiten: ' Frauen, Kinder, ganze Zentner von Gold und Silber, ' Rassepferde, Vieh und Saatfelder. ' Dies ist die Nutznießung des diesseitigen Lebens, ' doch Gott, bei Ihm ist die schönste Heimkehr. Sag: ' „Soll ich euch verkünden, was ist besser als dies?" ' Für diejenigen, die gottesfürchtig, ' sind bei ihrem Herrn ' Gärten, unterhalb derer Bäche fließen, ' in jenen werden sie ewig weilen, ' und Ehepartner, reine, ' und Gottes Wohlgefallen. ' Und Gott sieht sehr wohl die Diener, diejenigen, die sagen: „Unser Herr, ' wahrlich, wir glauben. ' Darum vergib uns unsere Vergehen ' und bewahre uns vor der Strafe des Feuers!" Die Geduldigen und die Wahrhaftigen ' und die Demütigen und die Freigebigen ' und die bitten um Vergebung ' in der Morgendämmerung. Gott bezeugt: ' Wahrlich, kein Gott außer Ihm ' und die Engel und die Wissenden. ' Er sorgt für das Recht. ' Kein Gott außer Ihm, ' dem unübertrefflich Erhabenen, ' dem Weisen. Die Religion bei Gott ist die Ergebung. ' Und uneins waren jene, denen gegeben wurde die Schrift, ' nachdem zu ihnen kam das Wissen, ' aus Auflehnung untereinander. ' Und wer leugnet die Zeichen Gottes - ' siehe, Gott ist rasend in der Abrechnung. Und wenn sie mit dir streiten, so sag: ' „Ich wende mein Angesicht zu Gott, ' und wer mir folgt." ' Und sag zu jenen, denen wurde gegeben die Schrift, ' und zu den Schriftunkundigen: ' „Wollt ihr euch denn nicht ergeben Gott?" ' Wenn sie sich ergeben Gott, ' sind sie rechtgeleitet. Doch wenden sie sich ab, ' so bleibt dir nur die Verkündigung. ' Und Gott sieht sehr wohl die Diener. Siehe, die leugnen Gottes Zeichen ' und im Unrecht töten die Propheten ' und töten jene Menschen, ' die gebieten Recht: verkünde ' ihnen eine Strafe, eine schmerzliche. Sie sind es, nichtig ihre Werke, ' im Diesseits und im Jenseits. ' Doch sie haben keine Helfer! Hast du nicht jene gesehen, ' denen wurde Anteil gegeben an der Schrift? ' Sie wurden aufgerufen zur Schrift ' Gottes, dass sie entscheide zwischen ihnen. ' Dann kehrt um ein Teil von ihnen ' und wendet sich ab, indem sie sagen: ' „Nicht wird uns das Feuer berühren ' außer für gezählte Tage." ' Ja, betört hat sie in ihrer Religion, was sie erdichteten. Doch wie, wenn Wir sie versammeln an einem Tag, ' an dem kein Zweifel, ' und jeder erhält, was er erworben? ' Und ihnen wird nicht Übles getan. Sag: ‛ „O Gott, Herrscher der Herrschaft! ‛ Du gibst die Herrschaft, wem Du willst, ‛ und entziehst die Herrschaft, wem Du willst, ‛ und Du ehrst, wen Du willst ‛ und erniedrigst, wen Du willst. ‛ In Deiner Hand allein ruht das Gute. ‛ Wahrlich, Du bist aller Dinge mächtig. Du lässt die Nacht übergehen in den Tag ‛ und lässt den Tag übergehen in die Nacht. ‛ Und Du lässt das Lebendige heraustreten aus dem Toten ‛ und lässt das Tote heraustreten aus dem Lebendigen. ‛ Und Du versorgst, wen Du willst, ‛ ohne Abrechnung." Die Gläubigen sollen nicht die Leugner nehmen ‛ als Beistand statt der Gläubigen! ‛ Und wer tut solches, der hat nichts mit Gott, ‛ es sei denn, ihr fürchtet euch vor ihnen. ‛ Und Gott warnt euch vor Sich selbst. ‛ Und zu Gott führt die Heimkehr. Sag: ‛ „Ob ihr verbergt, was in eurer Brust, ‛ oder ob ihr es offenlegt, ‛ Gott weiß es. Er weiß, ‛ was in den Himmeln und was auf der Erde. ‛ Und Gott ist aller Dinge mächtig." An jenem Tag wird vorfinden jede Seele, ‛ was sie getan an Gutem und an Bösem. ‛ Sie wird wünschen, dass zwischen ihr und Ihm wäre ‛ eine Ferne. ‛ Und Gott warnt euch vor Sich selbst. ‛ Gott ist mild zu den Dienern. Sag: ‛ „Wenn ihr liebt Gott, dann folgt mir, ‛ damit euch liebt Gott und euch vergibt eure Vergehen. ‛ Gott ist der unübertrefflich Vergebende, ‛ der Barmherzige." Sag: ‛ „Gehorcht

Gott ' und dem Gesandten!" ' Doch wenn sie sich abwenden - ' siehe, Gott liebt nicht die Leugner."

92 Spruch von Kōdō Sawaki: „Im Zen sagt man: „Jeder Tag ist ein guter Tag!" Die Frage ist jetzt: Was musst du machen, damit jeder Tag wirklich ein guter Tag wird? Was musst du besitzen, um jeden einzelnen Tag wirklich genießen zu können? Überhaupt nichts! Du musst überhaupt nichts tun oder besitzen, um glücklich zu sein. Du wirst nur ständig von deiner Idee an der Nase herumgeführt, dass du dies machen musst oder jenes haben willst. Wenn du endlich erkennst, dass diese Idee nur ein Hirngespinst war, wird jeder Tag wirklich ein guter Tag sein, und jedes Jahr wird ein gutes Jahr sein. Das eine Streichholz der Weisheit erleuchtet alle Richtungen: Vergiss alles andere, wirf alles von dir fort!"

93 Ex 40,9: „Nimm das Salböl und salbe die Wohnstätte und alles, was in ihr ist. Weihe sie mit allen ihren Geräten! So wird sie heilig sein."

94 1 Petr 1,13-16: „Deshalb umgürtet euch und macht euch bereit! Seid nüchtern und setzt eure Hoffnung ganz auf die Gnade, die euch bei der Offenbarung Jesu Christi geschenkt wird. Seid gehorsame Kinder und lasst euch nicht mehr von euren Begierden treiben wie früher, in der Zeit eurer Unwissenheit. Wie er, der euch berufen hat,

heilig ist, so soll auch euer ganzes Leben heilig werden. Denn es heißt in der Schrift: Seid heilig, denn ich bin heilig."

[95] Mk 8,34: „Wer mein Jünger sein will, der verleugne sich selbst, nehme sein Kreuz auf sich und folge mir nach."

[96] In der buddhistischen Lehre gibt es Anatta (Pali) oder Anatman (Sanskrit), was „Nicht-Selbst", „Nicht-Ich" oder auch „Unpersönlichkeit" bedeutet.

[97] Spruch von Kōdō Sawaki: „Lass los von dir selbst. Starr nicht den Mond an, der Mond scheint ganz von allein."

[98] Spruch von Kōdō Sawaki: „Vergänglichkeit bedeutet nur diesen einen Augenblick: In diesem unwiederholbaren Moment geht es um alles oder nichts. Du hast nur diesen einen Atemzug, dann ist alles vorbei. Beim Ausatmen darf es dir nur um dieses eine Mal Ausatmen gehen, beim Einatmen muss dieses Einatmen das letzte Mal in deinem Leben sein. Gewöhnlich irren wir uns, denn wir glauben, dass da noch etwas dazukommen muss: Wir glauben, dass wir für unsere Kinder „Vater" spielen müssen, und „Großvater" für die Enkel. Dabei existiert alles nur für sich, in diesem Moment: die Enkel als Enkel, der Großvater als

Großvater, der Sohn als Sohn. So wie das Ausatmen nur vollkommen Ausatmen ist und das Einatmen nur dieses eine Mal Einatmen. Auseinander mit euch! Nur wenn etwas ganz für sich alleine existiert, losgelöst und transparent, dann ist es gleichzeitig auch eins mit dem Universum."

[99] Joh 13,3-7: „Jesus, der wusste, dass ihm der Vater alles in die Hand gegeben hatte und dass er von Gott gekommen war und zu Gott zurückkehrte, stand vom Mahl auf, legte sein Gewand ab und umgürtete sich mit einem Leinentuch. Dann goss er Wasser in eine Schüssel und begann, den Jüngern die Füße zu waschen und mit dem Leinentuch abzutrocknen, mit dem er umgürtet war. Als er zu Simon Petrus kam, sagte dieser zu ihm: Du, Herr, willst mir die Füße waschen? Jesus antwortete ihm: Was ich tue, verstehst du jetzt noch nicht; doch später wirst du es begreifen."

[100] Irenäus von Lyon († 202): „Die Herrlichkeit Gottes ist der lebende Mensch, das Leben des Menschen die Gottesschau."

[101] Mt 25,1-13, Das Gleichnis von den zehn Jungfrauen: „Dann wird es mit dem Himmelreich sein wie mit zehn Jungfrauen, die ihre Lampen nahmen und dem Bräutigam entgegengingen. Fünf von ihnen waren töricht und fünf waren klug. Die törichten nahmen ihre Lampen mit, aber

kein Öl, die klugen aber nahmen außer den Lampen noch Öl in Krügen mit. Als nun der Bräutigam lange nicht kam, wurden sie alle müde und schliefen ein. Mitten in der Nacht aber hörte man plötzlich laute Rufe: Der Bräutigam kommt! Geht ihm entgegen! Da standen die Jungfrauen alle auf und machten ihre Lampen zurecht. Die törichten aber sagten zu den klugen: Gebt uns von eurem Öl, sonst gehen unsere Lampen aus. Die klugen erwiderten ihnen: Dann reicht es weder für uns noch für euch; geht doch zu den Händlern und kauft, was ihr braucht. Während sie noch unterwegs waren, um das Öl zu kaufen, kam der Bräutigam; die Jungfrauen, die bereit waren, gingen mit ihm in den Hochzeitssaal und die Tür wurde zugeschlossen. Später kamen auch die anderen Jungfrauen und riefen: Herr, Herr, mach uns auf! Er aber antwortete ihnen: Amen, ich sage euch: Ich kenne euch nicht. Seid also wachsam! Denn ihr wisst weder den Tag noch die Stunde."

Mt 25,14-30, Das Gleichnis vom anvertrauten Geld: „Es ist wie mit einem Mann, der auf Reisen ging: Er rief seine Diener und vertraute ihnen sein Vermögen an. Dem einen gab er fünf Talente Silbergeld, einem anderen zwei, wieder einem anderen eines, jedem nach seinen Fähigkeiten. Dann reiste er ab. Sofort begann der Diener, der fünf Talente erhalten hatte, mit ihnen zu wirtschaften, und er gewann noch fünf dazu.

Ebenso gewann der, der zwei erhalten hatte, noch zwei dazu. Der aber, der das eine Talent erhalten hatte, ging und grub ein Loch in die Erde und versteckte das Geld seines Herrn. Nach langer Zeit kehrte der Herr zurück, um von den Dienern Rechenschaft zu verlangen. Da kam der, der die fünf Talente erhalten hatte, brachte fünf weitere und sagte: Herr, fünf Talente hast du mir gegeben; sieh her, ich habe noch fünf dazugewonnen. Sein Herr sagte zu ihm: Sehr gut, du bist ein tüchtiger und treuer Diener. Du bist im Kleinen ein treuer Verwalter gewesen, ich will dir eine große Aufgabe übertragen. Komm, nimm teil an der Freude deines Herrn! Dann kam der Diener, der zwei Talente erhalten hatte, und sagte: Herr, du hast mir zwei Talente gegeben; sieh her, ich habe noch zwei dazugewonnen. Sein Herr sagte zu ihm: Sehr gut, du bist ein tüchtiger und treuer Diener. Du bist im Kleinen ein treuer Verwalter gewesen, ich will dir eine große Aufgabe übertragen. Komm, nimm teil an der Freude deines Herrn! Zuletzt kam auch der Diener, der das eine Talent erhalten hatte, und sagte: Herr, ich wusste, dass du ein strenger Mann bist; du erntest, wo du nicht gesät hast, und sammelst, wo du nicht ausgestreut hast; weil ich Angst hatte, habe ich dein Geld in der Erde versteckt. Hier hast du es wieder. Sein Herr antwortete ihm: Du bist ein schlechter und fauler Diener! Du hast doch gewusst, dass ich ernte, wo ich nicht gesät habe, und sammle, wo ich nicht ausgestreut habe. Hättest du mein Geld wenigstens auf die Bank gebracht, dann hätte ich es bei meiner Rückkehr mit Zinsen zurückerhalten. Darum nehmt ihm das Talent weg und gebt es dem, der die zehn Talente hat! Denn wer hat, dem wird gegeben, und er wird im Überfluss haben; wer aber nicht hat, dem wird auch noch weggenommen, was er hat. Werft den nichtsnutzigen Diener hinaus in die äußerste Finsternis! Dort wird er heulen und mit den Zähnen knirschen."

[102] Insbesondere ist hier Yamada Kôun Roshi († 1989) zu erwähnen. Als zweiter Abt des japanischen Sanbô Kyôdan (www.sanbo-zen.org) ging er über seine buddhistische Tradition hinaus und unterwies auch Christen in der Kunst des Zen.

[103] Lk 17,20-21: „Als Jesus von den Pharisäern gefragt wurde, wann das Reich Gottes komme, antwortete er: Das Reich Gottes kommt nicht so, dass man es an äußeren Zeichen erkennen könnte. Man kann auch nicht sagen: Seht, hier ist es!, oder: Dort ist es! Denn: Das Reich Gottes ist (schon) mitten unter euch."

[104] Koran 50,16: „Und wahrlich, erschaffen haben Wir den Menschen ‘ und Wir wissen, was ihm einflüstert seine Seele. ‘ Und Wir sind ihm näher als die Halsschlagader."

[105] Martin Luther übersetzte die Verse Lk 17,20-21[103] tatsächlich mit: „*Das Reich Gottes kommt nicht mit äußerlichen Gebärden ... sehet, das Reich Gottes ist inwendig in euch*".

[106] 1 Kor 6,19-20: „Oder wisst ihr nicht, dass euer Leib ein Tempel des Heiligen Geistes ist, der in euch wohnt und den ihr von Gott habt? Ihr gehört nicht euch selbst; denn um einen teuren Preis seid ihr erkauft worden. Verherrlicht also Gott in eurem Leib!"

[107] Hiob 42,10: „Der Herr wendete das Geschick Ijobs, als er für seinen Nächsten Fürbitte einlegte; und der Herr mehrte den Besitz Ijobs auf das Doppelte."

[108] Hiob 42,11: „Da kamen zu ihm alle seine Brüder, alle seine Schwestern und alle seine früheren Bekannten und speisten mit ihm in seinem Haus. Sie bezeigten ihm ihr Mitleid und trösteten ihn wegen all des Unglücks, das der Herr über ihn gebracht hatte. Ein jeder schenkte ihm eine Kesita und einen goldenen Ring."

[109] Mt 22,36-40: „Meister, welches Gebot im Gesetz ist das wichtigste? Er antwortete ihm: Du sollst den Herrn, deinen Gott, lieben mit ganzem Herzen, mit ganzer Seele und mit all deinen Gedanken. Das ist das wichtigste und erste Gebot. Ebenso

wichtig ist das zweite: Du sollst deinen Nächsten lieben wie dich selbst. An diesen beiden Geboten hängt das ganze Gesetz samt den Propheten."

[110] Mt 11,28-30: „Kommt alle zu mir, die ihr euch plagt und schwere Lasten zu tragen habt. Ich werde euch Ruhe verschaffen. Nehmt mein Joch auf euch und lernt von mir; denn ich bin gütig und von Herzen demütig; so werdet ihr Ruhe finden für eure Seele. Denn mein Joch drückt nicht und meine Last ist leicht."

[111] Einheitsübersetzung der Heiligen Schrift, © 1980 Katholische Bibelanstalt, Stuttgart

[112] Der Koran. Aus dem Arabischen von Ahmad Milad Karimi. Hrsg. von Bernhard Uhde © Verlag Herder GmbH, Freiburg i. Br.

[113] Kōdō Sawaki († 1965) war ein japanischer Zen-Meister und Professor an der buddhistischen Komazawa-Universität, Tokio.

Vater, so sitze ich hier, still und unbeweglich. Meine Sehnsucht verzehrt sich nach Dir, nach einem Wort von Dir.

Worauf zielt die Sehnsucht des Apfelbaums? Wartet er sehnsüchtig auf den Tag, an dem die Bienen seine Blüten bestäuben? Niemand merkt es. Wartet er auf den Tag, an dem ihm die ersten Früchte wachsen? Niemand wird davon satt. Wartet er auf den Tag, an dem seine Früchte abgeerntet werden? Danach ist er leer.

Ahnend, dass meine Sehnsucht nach einem Wort von Dir dem Wunsch entspringt, wie Du zu sein. Erkennend, dass meine Sehnsucht das Geschenk ist.

Vater, so sitze ich hier, still und unbeweglich. Sehnsüchtig lasse ich mich von Deinem Licht bescheinen. Augenblick um Augenblick, Stunde um Stunde, Monat um Monat. Die Antwort des Apfelbaums ist, jeden Augenblick Apfelbaum zu sein.